«Por medio de las cuales nos han
dado preciosas y grandísimas promesas,
para que por ellas llegaseis a ser
participantes de la naturaleza divina,
habiendo huido de la corrupción
que hay en el mundo
a causa de la concupiscencia.»

2 Pedro 1:4.

800 PROMESAS DE LA PALABRA DE DIOS, escogidas por David Wilkerson

PREPARADO POR DAVID WILKERSON
Y JO AN SUMMERS

Publicado por
Editorial **Unilit**
Miami, Fl.

Citas tomadas de la versión Reina Valera 1960.
Usadas con permiso de las Sociedades Bíblicas
en América Latina.

Octava edición, 1989

Producto No. 490207
ISBN-0-945792-36-0

Printed in Colombia.
Impreso en Colombia.

PROMESAS DE DIOS PARA TUS NECESIDADES ESPIRITUALES

PROMESAS DE DIOS PARA TUS NECESIDADES PERSONALES

PROMESAS DE DIOS PARA TUS NECESIDADES FUTURAS

COMO HACER QUE ESTAS PROMESAS SE HAGAN EFECTIVAS EN TU VIDA

Cuando le diste el corazón a Cristo y te convertiste en cristiano, heredaste una gran riqueza: los centenares de promesas que Dios te dio en su Palabra.

Estas promesas te pertenecen por derecho, puesto que eres hijo de Dios. Debes invocarlas, creerlas y actuar en conformidad con ellas. Esta es la manera de hacerlo:

1. Toma cada promesa literalmente. No trates de interpretarlas, añadirles, o leer entre líneas significados que no tienen. Acéptalas literalmente.

2. Haz que tu mente y tu corazón estén en estado de creer las promesas. La Palabra de Dios dice: «Si en mi corazón hubiese yo mirado a la iniquidad, el Señor no me habría escuchado» (Salmo 66:18). Asegúrate de que no haya pecado en tu vida. Si hay algún pecado (odio, amargura, celos, o codicia, por ejemplo), pídele al Señor que te perdone. Ora para que tu mente sea renovada por el Espíritu Santo.

3. Si parte de la promesa depende de alguna actuación tuya, debes estar dispuesto a hacer lo que se te pide para seguir avanzando. Si dice «Ora», entonces ora. Si luego dice «Cree», debes creer para que puedas ver la obra de Dios. Dios está dispuesto a hacer lo que a El le corresponde. Tienes que estar dispuesto a hacer lo que te corresponde.

4. Ahora, después de haber hecho estas tres primeras cosas, debes estar dispuesto a esperar la respuesta hasta cuando se cumpla el tiempo de Dios. La respuesta prometida puede llegar de inmediato. Pero también puede demorar. ¡No te pongas nervioso! Dios **cumplirá** lo prometido. Si la respuesta demora mucho en llegar, recuerda que El tiene un plan perfecto para

tu vida y que el tiempo que ha señalado para responder es también perfecto. Mientras tanto, podrías leer las promesas de la sección «Paciencia».

Sigue estos cuatro pasos al pedirle a Dios que cumpla en ti todas las promesas que te ha dado. Tómate el tiempo necesario para leer algunas de ellas en la Biblia, en el contexto de todo el capítulo en que aparecen. Si ves que algún versículo te resulta especialmente útil, apréndetelo. Si lo haces, lo tendrás siempre a tu disposición. Recuerda siempre que lo que Dios promete ¡lo cumple!

Lleva siempre contigo este librito. Considéralo un diccionario de promesas bíblicas y consúltalo cuando tengas cualquier pregunta o necesidad. Apréndete **todos** los versículos claves y úsalos cotidianamente para abrir los almacenes de las bendiciones de Dios. Dios no puede ni quiere quebrantar ninguna de estas promesas. ¡Cada promesa de este libro es para ti! Confía en ellas, descansa en ellas, créelas. Entonces podrás decir: «Dios lo dijo. Lo creo. Con esto basta».

No dudó de la promesa de Dios...
plenamente convencido de que
era también poderoso para hacer
todo lo que había prometido.

Romanos 4:20,21.

42. Para que justificados por su gracia, viniésemos a ser herederos conforme a la esperanza de la vida eterna. Tito 3:7.
43. ¿Dónde está, oh muerte, tu aguijón? ¿Dónde, oh sepulcro, tu victoria? Gracias sean dadas a Dios, que nos da la victoria por medio de nuestro Señor Jesucristo. 1 Corintios 15:55, 57.

C. Tú puedes esperar su presencia en tu vida

VERSICULO CLAVE:

44. *Mi presencia irá contigo y te daré descanso.* Exodo 33:14.
45. Los rectos morarán en tu presencia. Salmo 140:13.
46. Jehová estará con vosotros, si vosotros estuviereis con él; y si le buscareis, será hallado de vosotros; mas si le dejareis, él también os dejará. 2 Crónicas 15:2.
47. Jehová va delante de ti; él estará contigo, no te dejará, ni te desamparará, no temas ni te intimides. Deuteronomio 31:8.
48. He aquí yo estoy con vosotros todos los días, hasta el fin del mundo. Mateo 28:20.
49. Yo soy la vid, vosotros los pámpanos; el que permanece en mí y yo en él, éste lleva mucho fruto; porque separados de mí nada podéis hacer. Juan 15:5.
50. El que me ama, mi palabra guardará, y mi Padre le amará, y vendremos a él, y haremos morada con él. Juan 14:23.
51. Yo soy Jehová vuestro Dios, y no hay otro; y mi pueblo nunca jamás será avergonzado. Joel 2:27.
52. Jehová ha escogido al piadoso para sí. Salmo 4:3.

53. Jehová ama a los justos. Salmo 146:8.
54. He aquí yo estoy a la puerta y llamo; si alguno oye mi voz y abre la puerta, entraré a él y cenaré con él, y él conmigo. Apocalipsis 3:20.
55. Porque sol y escudo es Jehová Dios; gracia y gloria dará Jehová. No quitará el bien a los que andan en integridad. Salmo 84:11.
56. La salvación es de Jehová; sobre tu pueblo sea tu bendición. Salmo 3:8.
57. Porque todos los que son guiados por el Espíritu de Dios, éstos son hijos de Dios. Romanos 8:14.

D. Puedes esperar respuesta a tus oraciones

VERSICULO CLAVE:

58. *Si permanecéis en mí, y mis palabras permanecen en vosotros, pedid todo lo que queréis, y os será hecho.* Juan 15:7.
59. Por tanto, os digo que todo lo que pidiereis orando, creed que lo recibiréis, y os vendrá. Marcos 11:24.
60. Le has concedido el deseo de su corazón, y no le negaste la petición de sus labios. Salmo 21:2.
61. Y sabemos que a los que aman a Dios, todas las cosas les ayudan a bien, esto es, a los que conforme a su propósito son llamados. Romanos 8:28.
62. Claman los justos, y Jehová oye, y los libra de todas sus angustias. Salmo 34:17.
63. Deléitate asimismo en Jehová, y él te concederá las peticiones de tu corazón. Salmo 37:4.
64. Invócame en el día de la angustia; te libraré y tú me honrarás. Salmo 50:15.
65. En cuanto a mí, a Dios clamaré, y Jehová me salvará. Salmo 55:16.

me invocará y yo le responderé

66. Tarde y mañana y a mediodía oraré y clamaré, y él oirá mi voz. Salmo 55:17.
67. En el día de mi angustia te llamaré, porque tú me respondes. Salmo 86:7.
68. Pedid y se os dará; buscad y hallaréis, llamad y se os abrirá. Mateo 7:7.
69. Y antes que clamen, responderé yo; mientras aún hablan, yo habré oído. Isaías 65:24.
70. Clama a mí, y yo te responderé, y te enseñaré cosas grandes y ocultas que tú no conoces. Jeremías 33:3.
71. Entonces invocarás, y te oirá Jehová; clamarás y dirá él: Heme aquí. Isaías 58:9.
72. Si algo pidiereis en mi nombre, yo lo haré. Juan 14:14.
73. Me invocará y yo le responderé; con él estaré yo en la angustia; lo libraré y lo glorificaré. Salmo 91:15.
74. Y cualquiera cosa que pidiéremos la recibiremos de él, porque guardamos sus mandamientos y hacemos las cosas que son agradables delante de él. 1 Juan 3:22.
75. Otra vez os digo, que si dos de vosotros se pusieren de acuerdo en la tierra acerca de cualquiera cosa que pidieren, les será hecho por mi Padre que está en los cielos. Mateo 18:19.
76. Si se humillare mi pueblo, sobre el cual mi nombre es invocado, y oraren, y buscaren mi rostro, y se convirtieren de sus malos caminos; entonces yo oiré desde los cielos, y perdonaré sus pecados, y sanaré su tierra. 2 Crónicas 7:14.
77. Y todo lo que pidiereis en oración, creyendo, lo recibiréis. Mateo 21:22.
78. Porque todo aquel que pide, recibe; y el que busca, halla; y al que llama, se le abrirá. Lucas 11:10.

79. Y ésta es la confianza que tenemos en él, que si pedimos alguna cosa conforme a su voluntad, él nos oye. 1 Juan 5:4.
80. Y si sabemos que él nos oye en cualquiera cosa que pidamos, sabemos que tenemos las peticiones que le hayamos hecho. 1 Juan 5:15.
81. El que no escatimó ni a su propio Hijo, sino que lo entregó por todos nosotros, ¿cómo no nos dará también con él todas las cosas? Romanos 8:32.
82. Encomienda a Jehová tu camino, y confía en él, y él hará. Salmo 37:5.
83. El es galardonador de los que le buscan. Hebreos 11:6.

«Reconoced, pues, con todo vuestro corazón y con toda vuestra alma, que no ha faltado una palabra de todas las buenas palabras que Jehová vuestro Dios había dicho de vosotros; todas os han acontecido, no ha faltado ninguna de ellas».

Josué 23:14.

E. Dios te ayudará

VERSICULO CLAVE:

84. *Padre santo, a los que me has dado, guárdalos en tu nombre, para que sean uno, así como nosotros.* Juan 17:11.

85. Pero fiel es el Señor, que os afirmará y guardará del mal. 2 Tesalonicenses 3:3.
86. Mi Padre que me las dio, es mayor que todos, y nadie las puede arrebatar de la mano de mi Padre. Juan 10:29.
87. Y el que nos confirma con vosotros en Cristo, y el que nos ungió, es Dios. 2 Corintios 1:21.
88. El cual también os confirmará hasta el fin, para que seáis irreprensibles en el día de nuestro Señor Jesucristo. 1 Corintios 1:8.
89. Estando persuadido de esto, que el que comenzó en vosotros la buena obra, la perfeccionará hasta el día de Jesucristo. Filipenses 1:6.
90. Por lo cual estoy seguro de que ni la muerte, ni la vida, ni ángeles, ni principados, ni potestades, ni lo presente, ni lo por venir, ni lo alto, ni lo profundo, ni ninguna otra cosa creada nos podrá separar del amor de Dios, que es en Cristo Jesús Señor nuestro. Romanos 8:38, 39.
91. El justo permanece para siempre. Proverbios 10:25.
92. Cuando yo decía: Mi pie resbala, tu misericordia, oh, Jehová, me sustentaba. Salmo 94:18.
93. Que sois guardados por el poder de Dios mediante la fe, para alcanzar la salvación. 1 Pedro 1:5.
94. Aquel que es poderoso para guardaros sin caída y presentaros sin mancha delante de su gloria con gran alegría. Judas 24.
95. Procurad hacer firme vuestra vocación y elec-

ción; porque haciendo estas cosas, no caeréis jamás. 2 Pedro 1:10.

96. Sabemos que todo aquel que ha nacido de Dios, no practica el pecado, pues Aquel que fue engendrado por Dios le guarda, y el maligno no le toca. 1 Juan 5:18.
97. Dios mismo estará con ellos como su Dios. Apocalipsis 21:3.
98. Me seréis por pueblo, y yo seré vuestro Dios. Jeremías 30:22.
99. Seré su Dios y ellos serán mi pueblo. 2 Corintios 6:16.
100. Dios no se avergüenza de llamarse Dios de ellos; porque les ha preparado una ciudad. Hebreos 11:16.
101. Como pastor apacentará su rebaño; en su brazo llevará los corderos, y en su seno los llevará; pastoreará suavemente a las recién paridas. Isaías 40:11.
102. Si anduviere yo en medio de la angustia, tú me vivificarás; contra la ira de mis enemigos extenderás tu mano, y me salvará tu diestra. Salmo 138:7.
103. Jehová será tu confianza, y él preservará tu pie de quedar preso. Proverbios 3:26.
104. El ángel de Jehová acampa alrededor de los que le temen, y los defiende. Salmo 34:7.
105. A Jehová he puesto siempre delante de mí; porque está a mi diestra, no seré conmovido. Salmo 16:8.
106. He aquí, no se adormecerá ni dormirá el que guarda a Israel. Jehová es tu guardador. Sal mo 121:4, 5.
107. Tú eres mi refugio; me guardarás de la angustia; con cánticos de liberación me rodearás. Salmo 32:7.

F. Dios te dará fortaleza para servirle

VERSICULO CLAVE:

108. *No con ejército, ni con fuerza, sino con mi Espíritu, ha dicho Jehová de los ejércitos.* Zacarías 4:6.
109. El Dios de Israel, él da fuerza y vigor a su pueblo. Salmo 68:35.
110. Recibiréis poder, cuando haya venido sobre vosotros el Espíritu Santo, y me seréis testigos en Jerusalén, en toda Judea, en Samaria, y hasta lo último de la tierra. Hechos 1:8.
111. Confiad en Jehová perpetuamente, porque en Jehová el Señor está la fortaleza de los siglos. Isaías 26:4.
112. Mas a todos los que le recibieron, a los que creen en su nombre, les dio potestad de ser hechos hijos de Dios. Juan 1:12.
113. Los que esperan a Jehová tendrán nuevas fuerzas; levantarán alas como las águilas; correrán, y no se cansarán; caminarán, y no se fatigarán. Isaías 40:31.
114. Y me ha dicho: Bástate mi gracia; porque mi poder se perfecciona en la debilidad. 2 Corintios 12:9.
115. Por tanto, tomad toda la armadura de Dios, para que podáis resistir en el día malo, y habiendo acabado todo, estar firmes. Efesios 6:13.
116. No temas, porque yo estoy contigo; no desmayes, porque yo soy tu Dios que te esfuerzo; siempre te ayudaré, siempre te sustentaré con la diestra de mi justicia. Isaías 41:10.
117. Porque Dios es el que en vosotros produce así el querer como el hacer, por su buena voluntad. Filipenses 2:13.
118. Pero la salvación de los justos es de Jehová, y

él es su fortaleza en el tiempo de la angustia. Salmo 37:39.

119. Para que os dé, conforme a las riquezas de su gloria, el ser fortalecidos con su poder en el hombre interior por su Espíritu. Efesios 3:16.
120. Todo lo puedo en Cristo que me fortalece. Filipenses 4:13.
121. No cesamos de orar por vosotros para que seáis fortalecidos con todo poder, conforme a la potencia de su gloria, para toda paciencia y longanimidad. Colosenses 1:11.
122. Proseguirá el justo su camino, y el limpio de manos aumentará la fuerza. Job 17:9.
123. Porque somos hechura suya, creados en Cristo Jesús para buenas obras, las cuales Dios preparó de antemano para que anduviésemos en ellas. Efesios 2:10.
124. Alzaré mis ojos a los montes; ¿de dónde vendrá mi socorro? Mi socorro viene de Jehová, que hizo los cielos y la tierra. Salmo 121:1.

G. Dios te enseñará la verdad

VERSICULO CLAVE:

125. *Te haré entender, y te enseñaré el camino en que debes andar; sobre ti fijaré mis ojos.* Salmo 32:8.
126. Su Dios le instruye, y le enseña lo recto. Isaías 28:26.
127. Dios, que mandó que de las tinieblas resplandeciese la luz, es el que resplandeció en nuestros corazones, para iluminación del conocimiento de la gloria de Dios en la faz de Jesucristo. 2 Corintios 4:6.
128. Venid y subamos al monte de Jehová, a la casa del Dios de Jacob; y nos enseñará sus cami-

nos, y caminaremos por sus sendas. Isaías 2:3.

129. ¿Quién es el hombre que teme a Jehová? El le enseñará el camino que ha de escoger. Salmo 25:12.

130. El que quiera hacer la voluntad de Dios, conocerá si la doctrina es de Dios, o si yo hablo por mi propia cuenta. Juan 7:17.

131. Lo trajo alrededor, lo instruyó, lo guardó como a la niña de su ojo. Deuteronomio 32:10.

132. Para que el Dios de nuestro Señor Jesucristo, el Padre de gloria, os dé espíritu de sabiduría y de revelación en el conocimiento de él. Efesios 1:17.

133. Pero cuando venga el Espíritu de verdad, él os guiará a toda la verdad; porque no hablará por su propia cuenta, sino que hablará todo lo que oyere, y os hará saber las cosas que habrán de venir. Juan 16:13.

134. Las cosas secretas pertenecen a Jehová nuestro Dios; mas las reveladas son para nosotros y para nuestros hijos para siempre, para que cumplamos todas las palabras de esta ley. Deuteronomio 29:29.

135. Todas las cosas que oí de mi Padre, os las he dado a conocer. Juan 15:15.

136. Cosas que ojo no vio, ni oído oyó, ni han subido en corazón de hombre, son las que Dios ha preparado para los que le aman. Pero Dios nos las reveló a nosotros por el Espíritu; porque el Espíritu todo lo escudriña, aun lo profundo de Dios. 1 Corintios 2:9, 10.

137. El revela lo profundo y lo escondido; conoce lo que está en tinieblas, y con él mora la luz. Daniel 2:22.

138. He aquí se cumplieron las cosas primeras, y yo anuncio cosas nuevas; antes que salgan a luz, yo os las haré notorias. Isaías 42:9.

139. Ahora vemos por espejo, oscuramente; mas entonces veremos cara a cara. Ahora conozco en parte; pero entonces conoceré como fui conocido. 1 Corintios 13:12.
140. Escrito está en los profetas: Y serán todos enseñados por Dios. Así que, todo aquel que oyó al Padre, y aprendió de él, viene a mí. Juan 6:45.
141. El Consolador, el Espíritu Santo, a quien el Padre enviará en mi nombre, él os enseñará todas las cosas, y os recordará todo lo que yo os he dicho. Juan 14:26.
142. El corazón del sabio hace prudente su boca, y añade gracia a sus labios. Proverbios 16:23.
143. Encaminará a los humildes por el juicio, y enseñará a los mansos su carrera. Salmo 25:9.

H. Dios hará milagros en tu vida

VERSICULO CLAVE:

144. *Si puedes creer, al que cree todo le es posible.* Marcos 9:23.

145. De cierto, de cierto os digo: El que en mí cree, las obras que yo hago, él las hará también; y aun mayores hará, porque yo voy al Padre. Juan 14:12.
146. Todo lo que pidiereis al Padre en mi nombre, lo haré, para que el Padre sea glorificado en el Hijo. Juan 14:13.
147. Si algo pidiereis en mi nombre, yo lo haré. Juan 14:14.
148. Aquel que es poderoso para hacer todas las cosas mucho más abundantemente de lo que pedimos o entendemos, según el poder que actúa en nosotros. Efesios 3:20.
149. Si tuviereis fe como un grano de mostaza, diréis

a este monte: Pásate de aquí allá, y se pasará; y nada os será imposible. Mateo 72:20.

150. Si dos de vosotros se pusieren de acuerdo en la tierra acerca de cualquiera cosa que pidieren, les será hecho por mi Padre que está en los cielos. Mateo 18:19.

151. A unos puso Dios en la iglesia, primeramente apóstoles, luego profetas, lo tercero maestros, luego los que hacen milagros, después los que sanan, los que ayudan, los que administran, los que tienen don de lenguas. 1 Corintios 12:28.

152. A otro el hacer milagros; a otro, profecía; a otro, discernimiento de espíritus; a otro, diversos géneros de lenguas; y a otro, interpretación de lenguas. 1 Corintios 12:10.

I. Dios llenará de amor tu vida

VERSICULO CLAVE:

153. *Nosotros hemos conocido y creído el amor que Dios tiene para con nosotros. Dios es amor; y el que permanece en amor, permanece en Dios, y Dios en él.* 1 Juan 4:16.

154. Si guardareis mis mandamientos, permaneceréis en mi amor; así como yo he guardado los mandamientos de mi Padre, y permanezco en su amor. Juan 15:10.

155. El odio despierta rencillas; pero el amor cubrirá todas las faltas. Proverbios 10:12.

156. Jehová guarda a todos los que le aman, mas destruirá a todos los impíos. Salmo 145:20.

157. El que tiene mis mandamientos, y los guarda, ése es el que me ama; y el que me ama, será amado por mi Padre, y yo le amaré, y me manifestaré a él. Juan 14:21.

158. Pero si alguno ama a Dios, es conocido por él. 1 Corintios 8:3.
159. Como el Padre me ha amado, así también yo os he amado; permaneced en mi amor. Juan 15:9.
160. Amarle con todo el corazón, con todo el entendimiento, con toda el alma, y con todas las fuerzas, y amar al prójimo como a uno mismo, es más que todos los holocaustos y sacrificios. Marcos 12:33.
161. Cosas que ojo no vio, ni oído oyó, ni han subido en corazón de hombre, son las que Dios ha preparado para los que le aman. 1 Corintios 2:9.
162. Conocer el amor de Cristo, que excede a todo conocimiento, para que seáis llenos de toda la plenitud de Dios. Efesios 3:19.
163. En esto consiste el amor: no en que nosotros hayamos amado a Dios, sino en que él nos amó a nosotros, y envió a su Hijo en propiciación por nuestro pecado. 1 Juan 4:10.
164. Amados, amémonos unos a otros; porque el amor es de Dios. Todo aquel que ama, es nacido de Dios, y conoce a Dios. 1 Juan 4:10.
165. Ni lo alto, ni lo profundo, ni ninguna otra cosa creada nos podrá separar del amor de Dios, que es en Cristo Jesús Señor nuestro. Romanos 8:39.
166. Nadie ha visto jamás a Dios. Si nos amamos unos a otros, Dios permanece en nosotros, y su amor se ha perfeccionado en nosotros. 1 Juan 4:12.
167. En el amor no hay temor, sino que el perfecto amor echa fuera el temor; porque el temor lleva en sí castigo. De donde el que teme, no ha sido perfeccionado en el amor. 1 Juan 4:18.
168. Yo amo a los que me aman, y me hallan los que temprano me buscan. Proverbios 8:17.

169. Y ahora permanecen la fe, la esperanza y el amor, estos tres; pero el mayor de ellos es el amor. 1 Corintios 13:13.

J. Puedes crecer espiritualmente

VERSICULO CLAVE:

170. *Nosotros todos, mirando a cara descubierta como en un espejo la gloria del Señor, somos transformados de gloria en gloria en la misma imagen, como por el Espíritu del Señor.* 2 Corintios 3:18.

171. Que habite Cristo por la fe en vuestros corazones, a fin de que, arraigados y cimentados en amor, seáis plenamente capaces de comprender con todos los santos cuál sea la anchura, la longitud, la profundidad y la altura, y de conocer el amor de Cristo, que excede a todo conocimiento, para que seáis llenos de toda la plenitud de Dios. Efesios 3:17, 18, 19.
172. El justo florecerá como la palmera; crecerá como cedro en el Líbano. Salmo 92:12.
173. Desead, como niños recién nacidos, la leche espiritual no adulterada, para que por ella crezcáis para salvación, si es que habéis gustado la benignidad del Señor. 1 Pedro 2:2, 3.
174. Mas la senda de los justos es como la luz de la aurora, que va en aumento hasta que el día es perfecto. Proverbios 4:18.
175. Y te afligió, y te hizo tener hambre, y te sustentó con maná, comida que no conocías tú, ni tus padres la habían conocido, para hacerte saber que no sólo de pan vivirá el hombre, mas de todo lo que sale de la boca de Jehová vivirá el hombre. Deuteronomio 8:3.
176. Estando persuadido de esto, que el que comen-

zó en vosotros la buena obra, la perfeccionará hasta el día de Jesucristo. Filipenses 1:6.

177. Para que ya no seamos niños fluctuantes, llevados por doquiera de todo viento de doctrina, por estratagema de hombres que para engañar emplean con astucia las artimañas del error, sino que siguiendo la verdad en amor, crezcamos en todo en aquel que es la cabeza, esto es, Cristo. Efesios 4:14, 15.

178. Para que andéis como es digno del Señor, agradándole en todo, llevando fruto en toda buena obra, y creciendo en el conocimiento de Dios. Colosenses 1:10.

179. Y esto pido en oración, que vuestro amor abunde aun más y más en ciencia y en todo conocimiento, para que aprobéis lo mejor, a fin de que seáis sinceros e irreprensibles para el día de Cristo. Filipenses 1:9, 10.

180. Poniendo toda diligencia por esto mismo; añadid a vuestra fe virtud; a la virtud, conocimiento; al conocimiento, dominio propio; al dominio propio, paciencia; a la paciencia, piedad; a la piedad, afecto fraternal; y al afecto fraternal, amor. Porque si estas cosas están en vosotros, y abundan, no os dejarán estar ociosos ni sin fruto en cuanto al conocimiento de nuestro Señor Jesucristo. 2 Pedro 1:5, 6, 7, 8.

K. El Señor bautiza con el Espíritu Santo

VERSICULO CLAVE:

181. *Yo a la verdad os bautizo en agua para arrepentimiento; pero el que viene tras mí, cuyo calzado yo no soy digno de llevar, es más poderoso que yo; él os bautizará en Espíritu Santo.* Mateo 3:11.

182. Bienaventurados los que tienen hambre y sed de justicia, porque ellos serán saciados. Mateo 5:6.
183. Pondré dentro de vosotros mi Espíritu, y haré que andéis en mis estatutos, y guardéis mis preceptos, y los pongáis por obra. Ezequiel 36:27.
184. Yo rogaré al Padre, y os dará otro Consolador, para que esté con vosotros para siempre: el Espíritu de verdad, al cual el mundo no puede recibir, porque no le ve, ni le conoce; pero vosotros le conocéis porque mora con vosotros, y estará en vosotros. Juan 14:16, 17.
185. ¿No sabéis que sois templo de Dios, y que el Espíritu de Dios mora en vosotros? 1 Corintios 3:16.
186. Recibiréis poder, cuando haya venido sobre vosotros el Espíritu Santo, y me seréis testigos en Jerusalén, en toda Judea, en Samaria, y hasta lo último de la tierra. Hechos 1:8.
187. Arrepentíos, y bautícese cada uno de vosotros en el nombre de Jesucristo para perdón de los pecados; y recibiréis el don del Espíritu Santo. Hechos 2:38.
188. Si vosotros, siendo malos, sabéis dar buenas dádivas a vuestros hijos, ¿cuánto más vuestro Padre celestial dará el Espíritu Santo a los que se lo pidan? Lucas 11:13.
189. Porque para vosotros es la promesa, y para vuestros hijos, y para todos los que están lejos; para cuantos el Señor nuestro Dios llamare. Hechos 2:39.
190. Después de esto, derramaré mi Espíritu sobre toda carne, y profetizarán vuestros hijos y vuestras hijas; vuestros ancianos soñarán sueños y vuestros jóvenes verán visiones. Joel 2:28.
191. Mas el Consolador, el Espíritu Santo, a quien

el Padre enviará en mi nombre, él os enseñará todas las cosas, y os recordará todo lo que yo os he dicho. Juan 14:26.

192. Porque por un solo Espíritu fuimos todos bautizados en un cuerpo. 1 Corintios 12:13.

193. Pero cuando venga el Consolador, a quien yo os enviaré del Padre, el Espíritu de verdad, el cual procede del Padre, él dará testimonio acerca de mí. Juan 15:26.

194. Pero yo os digo la verdad: Os conviene que yo me vaya; porque si no me fuere, el Consolador no vendría a vosotros, mas si me fuere, os lo enviaré. Juan 16:7.

195. Y nosotros no hemos recibido el espíritu del mundo, sino el Espíritu que proviene de Dios, para que sepamos lo que Dios nos ha concedido. 1 Corintios 2:12.

196. Para que en Cristo Jesús la bendición de Abraham alcanzase a los gentiles, a fin de que por la fe recibiésemos la promesa del Espíritu. Gálatas 3:14.

197. El que bebiere del agua que yo le daré, no tendrá sed jamás; sino que el agua que yo le daré será en él una fuente de agua que salte para vida eterna. Juan 4:14.

198. He aquí yo derramaré mi espíritu sobre vosotros, y os haré saber mis palabras. Proverbios 1:23.

199. Dios también nos ha sellado, y nos ha dado las arras del Espíritu en nuestros corazones. 2 Corintios 1:22.

200. En él también vosotros, habiendo oído la palabra de verdad, el evangelio de vuestra salvación, y habiendo creído en él, fuisteis sellados con el Espíritu Santo de la promesa. Efesios 1:13.

L. Dios te dará una libertad nueva

VERSICULO CLAVE:

201. *Así que, si el Hijo os libertare, seréis verdaderamente libres.* Juan 8:36.

202. Conoceréis la verdad, y la verdad os hará libres. Juan 8:32.

203. Cuando venga el Espíritu de verdad, él os guiará a toda la verdad. Juan 16:13.

204. La ley del Espíritu de vida en Cristo Jesús me ha librado de la ley del pecado y de la muerte. Romanos 8:2.

205. Porque el Señor es el Espíritu; y donde está el Espíritu del Señor, allí hay libertad. 2 Corintios 3:17.

206. Tú quebraste su pesado yugo, y la vara de su hombro, y el cetro de su opresor, como en el día de Madián. Isaías 9:4.

207. Mas ahora que habéis sido libertados del pecado y hechos siervos de Dios, tenéis por vuestro fruto la santificación, y como fin, la vida eterna. Romanos 6:22.

208. Jehová te guardará de todo mal; El guardará tu alma. Jehová guardará tu salida y tu entrada desde ahora y para siempre. Salmo 121:7, 8.

209. El Espíritu de Jehová el Señor está sobre mí, porque me ungió Jehová; me ha enviado a predicar buenas nuevas a los abatidos, vendar a los quebrantados de corazón. Isaías 61:1.

M. Dios te imparte fe

VERSICULO CLAVE:

210. *Conforme a la medida de fe que Dios repartió a cada uno.* Romanos 12:3.

211. Porque por gracia sois salvos por medio de la

fe; y esto no de vosotros, pues es don de Dios. Efesios 2:8.

212. El fruto del Espíritu es amor, gozo, paz, paciencia, benignidad, bondad, fe, mansedumbre, templanza. Gálatas 5:22, 23.

213. A quien amáis sin haberle visto, en quien creyendo, aunque ahora no lo veáis, os alegráis con gozo inefable y glorioso; obteniendo el fin de vuestra fe, que es la salvación de vuestras almas. 1 Pedro 8:9.

214. Mas el justo vivirá por fe. Hebreos 10:38.

215. Pero sin fe es imposible agradar a Dios; porque es necesario que el que se acerca a Dios crea que le hay, y que es galardonador de los que le buscan. Hebreos 11:6.

216. Sabiendo que la prueba de vuestra fe produce paciencia. Santiago 1:3.

217. Para que sometida a prueba vuestra fe, mucho más preciosa que el oro, el cual aunque perecedero se prueba con fuego, sea hallada en alabanza, gloria y honra cuando sea manifestado Jesucristo. 1 Pedro 1:7.

218. Porque en el evangelio la justicia de Dios se revela por fe y para fe, como está escrito: Mas el justo por la fe vivirá. Romanos 1:17.

219. Mas la Escritura lo encerró todo bajo pecado, para que la promesa que es por la fe en Jesucristo fuese dada a los creyentes. Gálatas 3:22.

220. Pues todos sois hijos de Dios por la fe en Cristo Jesús. Gálatas 3:26.

221. Porque a vosotros os es concedido a causa de Cristo, no sólo que creáis en él, sino también que padezcáis por él. Filipenses 1:29.

222. Porque todo lo que es nacido de Dios vence al mundo; y ésta es la victoria que ha vencido al mundo, nuestra fe. 1 Juan 5:4.

223. Así que la fe es por el oír, y el oír, por la palabra de Dios. Romanos 10:17.
224. A fin de que no os hagáis perezosos, sino imitadores de aquellos que por la fe y la paciencia heredan las promesas. Hebreos 6:12.
225. Si puedes creer, al que cree todo le es posible. Marcos 9:23.
226. Creed en Jehová vuestro Dios, y estaréis seguros; creed a sus profetas y seréis prosperados. 2 Crónicas 20:20.
227. Tomad el escudo de la fe, con que podáis apagar todos los dardos del fuego del maligno. Efesios 6:16.
228. Cree en el Señor Jesucristo, y serás salvo, tú y tu casa. Hechos 16:31.
229. Bienaventurados los que no vieron, y creyeron. Juan 20:29.
230. Porque de cierto os digo, que si tuviereis fe como un grano de mostaza, diréis a este monte: Pásate de aquí allá, y se pasará; y nada os será imposible. Mateo 17:20.
231. De cierto os digo, que si tuviereis fe y no dudareis, no sólo haréis esto de la higuera, sino que si a este monte dijereis: Quítate y échate en el mar, será hecho. Mateo 21:21.
232. Porque de cierto os digo que cualquiere que dijere a este monte: Quítate y échate en el mar, y no dudare en su corazón, sino creyere que será hecho lo que dice, lo que diga le será hecho. Marcos 11:23.
233. Todo lo que pidiereis en oración, creyendo, lo recibiréis. Mateo 21:22.
234. Si permanecéis en mí, y mis palabras permanecen en vosotros, pedid todo lo que queréis, y os será hecho. Juan 15:7.
235. Hasta ahora nada habéis pedido en mi nombre;

pedid, y recibiréis, para que vuestro gozo sea cumplido. Juan 16:24.

236. Cualquiera cosa que pidiéremos la recibiremos de él, porque guardamos sus mandamientos, y hacemos las cosas que son agradables delante de él. 1 Juan 3:22.

237. Esta es la confianza que tenemos en él, que si pedimos alguna cosa conforme a su voluntad, él nos oye. Y si sabemos que él nos oye en cualquiera cosa que pidamos, sabemos que tenemos las peticiones que le hayamos hecho. 1 Juan 5:14, 15.

238. Pelea la buena batalla de la fe, echa mano de la vida eterna, a la cual asimismo fuiste llamado, habiendo hecho la buena profesión delante de muchos testigos. 1 Timoteo 6:12.

239. Todo lo que pidiereis al Padre en mi nombre, lo haré, para que el Padre sea glorificado en el Hijo. Juan 14:13.

240. Si algo pidiereis en mi nombre, yo lo haré. Juan 14:14.

241. Justificados, pues, por la fe, tenemos paz para con Dios por medio de nuestro Señor Jesucristo. Romanos 5:1.

N. Jesucristo perdona tus pecados diarios

VERSICULO CLAVE:

242. *Si alguno hubiere pecado, abogado tenemos para con el Padre, a Jesucristo el justo.* 1 Juan 2:1.

243. Vuestros pecados os han sido perdonados por su nombre. 1 Juan 2:12.

244. Si confesamos nuestros pecados, él es fiel y justo para perdonar nuestros pecados, y limpiarnos de toda maldad. 1 Juan 1:9.

245. Santifícalos en tu verdad; tu palabra es verdad. Juan 17:17.
246. El mismo Dios de paz os santifique por completo; y todo vuestro ser, espíritu, alma y cuerpo, sea guardado irreprensible para la venida de nuestro Señor Jesucristo. 1 Tesalonicenses 5:23.
247. Ahora os ha reconciliado en su cuerpo de carne, por medio de la muerte, para presentaros santos y sin mancha e irreprensibles delante de él. Colosenses 1:21, 22.
248. Ya habéis sido lavados, ya habéis sido santificados, ya habéis sido justificados en el nombre del Señor Jesús, y por el Espíritu de nuestro Dios. 1 Corintios 6:11.
249. Quien se dio a sí mismo por nosotros para redimirnos de toda iniquidad, y purificar para sí un pueblo propio, celoso de buenas obras. Tito 2:14.
250. Volveré mi mano contra ti, y limpiaré hasta lo más puro tus escorias, y quitaré toda tu impureza. Isaías 1:25.
251. De éste dan testimonio todos los profetas, que todos los que en él creyeren, recibirán perdón de pecados por su nombre. Hechos 10:43.
252. Al que no conoció pecado, por nosotros lo hizo pecado, para que nosotros fuésemos hechos justicia de Dios en él. 2 Corintios 5:21.
253. Y que de todo aquello de que por la ley de Moisés no pudisteis ser justificados, en él es justificado todo aquel que cree. Hechos 13:39.
254. No ha hecho con nosotros conforme a nuestras iniquidades, ni nos ha pagado conforme a nuestros pecados. Porque como la altura de los cielos sobre la tierra, engrandeció su misericordia sobre los que le temen. Salmo 103:10, 11.

O. El Señor te da esperanza

VERSICULO CLAVE:

255. *Porque tú, oh Señor Jehová, eres mi esperanza, seguridad mía, desde mi juventud.* Salmo 71:5.

256. Jehová redime el alma de sus siervos, y no serán condenados cuantos en él confían. Salmo 34:22.
257. Tendrás confianza, porque hay esperanza. Job 11:18.
258. He aquí el ojo de Jehová sobre los que le temen, sobre los que esperan en su misericordia, para librar sus almas de la muerte, y para darles vida en tiempo de hambre. Salmo 33:18, 19.
259. Todo aquel que tiene esta esperanza en él, se purifica a sí mismo, así como él es puro. 1 Juan 3:3.
260. Jehová los ayudará y los librará; los libertará de los impíos, y los salvará, por cuanto en él esperaron. Salmo 37:40.
261. A quienes Dios quiso dar a conocer las riquezas de la gloria de este misterio entre los gentiles; que es Cristo en vosotros, la esperanza de gloria. Colosenses 1:27.
262. ¿Por qué te abates, oh alma mía, y por qué te turbas dentro de mí? Espera en Dios; porque aún he de alabarle, salvación mía y Dios mío. Salmo 42:11.
263. Para que tengamos un fortísimo consuelo los que hemos acudido para asirnos de la esperanza puesta delante de nosotros. La cual tenemos como segura y firme ancla del alma, y que penetra hasta dentro del velo. Hebreos 6:18, 19.
264. Esforzaos todos vosotros los que esperáis en

Jehová, y tome aliento vuestro corazón. Salmo 31:24.

265. Porque yo sé a quién he creído, y estoy seguro que es poderoso para guardar mi depósito para aquel día. 2 Timoteo 1:12.
266. Porque este Dios es Dios nuestro eternamente y para siempre; El nos guiará aún más allá de la muerte. Salmo 48:14.
267. La esperanza no avergüenza; porque el amor de Dios ha sido derramado en nuestros corazones por el Espíritu Santo que nos fue dado. Romanos 5:5.
268. Porque las cosas que se escribieron antes, para nuestra enseñanza se escribieron, a fin de que por la paciencia y la consolación de las Escrituras, tengamos esperanza. Romanos 15:4.
269. Nos gloriamos en la esperanza de la gloria de Dios. Romanos 5:2.

P. La Palabra del Señor está viva

VERSICULO CLAVE:

270. *El cielo y la tierra pasarán, pero mis palabras no pasarán.* Mateo 24:35.

271. Sécase la hierba, marchítase la flor; mas la palabra del Dios nuestro permanece para siempre. Isaías 40:8.
272. La palabra del Señor permanece para siempre, y ésta es la palabra que por el evangelio os ha sido anunciada. 1 Pedro 1:25.
273. Toda la Escritura es inspirada por Dios, y útil para enseñar, para redargüir, para corregir, para instruir en justicia. 2 Timoteo 3:16.
274. Lámpara es a mis pies tu palabra, y lumbrera a mi camino. Salmo 119:105.
275. Porque no me avergüenzo del evangelio, porque

es poder de Dios para salvación a todo aquel que cree; al judío primeramente, y también al griego. Romanos 1:16.

276. La palabra de Dios es viva y eficaz, y más cortante que toda espada de dos filos; y penetra hasta partir el alma y el espíritu, las coyunturas y los tuétanos, y discierne los pensamientos y las intenciones del corazón. Hebreos 4:12.

277. Tomad el yelmo de la salvación, y la espada del Espíritu, que es la palabra de Dios. Efesios 6:17.

278. No sólo de pan vivirá el hombre, mas de todo lo que sale de la boca de Jehová vivirá el hombre. Deuteronomio 8:3.

279. Desead, como niños recién nacidos, la leche espiritual no adulterada, para que por ella crezcáis para salvación, si es que habéis gustado la benignidad del Señor. 1 Pedro 2:2, 3.

280. Procura con diligencia presentarte a Dios aprobado, como obrero que no tiene de qué avergonzarse, que usa bien la palabra de verdad. 2 Timoteo 2:15.

281. Escudriñad las Escrituras; porque a vosotros os parece que en ellas tenéis la vida eterna; y ellas son las que dan testimonio de mí. Juan 5:39.

282. La ley de Jehová es perfecta, que convierte el alma; el testimonio de Jehová es fiel, que hace sabio al sencillo. Los mandamientos de Jehová son rectos, que alegran el corazón, el precepto de Jehová es puro, que alumbra los ojos. Salmo 19:7, 8.

283. Las Sagradas Escrituras, las cuales te pueden hacer sabio para la salvación por la fe que es en Cristo Jesús. 2 Timoteo 3:15.

284. El mandamiento es lámpara, y la enseñanza es

luz, y camino de vida las reprensiones que te instruyen. Proverbios 6:23.

285. Mucha paz tienen los que aman tu ley, y no hay para ellos tropiezo. Salmo 119:165.

286. Bienaventurado el hombre que teme a Jehová, y en sus mandamientos se deleita en gran manera. Salmo 112:1.

287. Así será mi palabra que sale de mi boca; no volverá a mí vacía, sino que hará lo que yo quiero, y será prosperada en aquello para que la envié. Isaías 55:11.

288. Así que la fe es por el oír, y el oír, por la palabra de Dios. Romanos 10:17.

289. Bienaventurado el que lee, y los que oyen las palabras de esta profecía, y guardan las cosas en ella escritas. Apocalipsis 1:3.

Q. Dios honra la obediencia

VERSICULO CLAVE:

290. *Lo que aprendisteis y recibisteis y oísteis y visteis en mí, esto haced; y el Dios de paz estará con vosotros.* Filipenses 4:9.

291. Dichosos los que guardan juicio, los que hacen justicia en todo tiempo. Salmo 106:3.

292. ¿Se complace Jehová tanto en los holocaustos y víctimas, como en que se obedezca a las palabras de Jehová? Ciertamente el obedecer es mejor que los sacrificios. 1 Samuel 15:22.

293. Ahora pues, si diereis oído a mi voz, y guardareis mi pacto, vosotros seréis mi especial tesoro sobre todos los pueblos, porque mía es toda la tierra. Exodo 19:5.

294. Si guardareis mis mandamientos, permaneceréis en mi amor; así como yo he guardado los

a mí viene, nunca tendrá hambre; y el que en mí cree, no tendrá sed jamás. Juan 6:35.

328. Todo lo que el Padre me da, vendrá a mí; y al que a mí viene, no lo echo fuera. Juan 6:37.

S. Dios honra la santidad

VERSICULO CLAVE:

329. *La piedad para todo aprovecha, pues tiene promesa de esta vida presente, y de la venidera.* 1 Timoteo 4:8.

330. No os conforméis a este siglo, sino transformaos por medio de la renovación de vuestro entendimiento, para que comprobéis cuál sea la buena voluntad de Dios, agradable y perfecta. Romanos 12:2.

331. La paz de Dios, que sobrepasa todo entendimiento, guardará vuestros corazones y vuestros pensamientos en Cristo Jesús. Filipenses 4:7.

332. Acercaos a Dios, y él se acercará a vosotros. Pecadores, limpiad las manos; y vosotros, los de doble ánimo, purificad vuestros corazones. Santiago 4:8.

333. La justicia irá delante de él, y sus pasos nos pondrá por camino. Salmo 85:13.

334. El que sigue la justicia y la misericordia hallará la vida, la justicia y la honra. Proverbios 21:21.

335. Así dijo Jehová: Paraos en los caminos, y mirad, y preguntad por las sendas antiguas, cuál sea el buen camino, y andad por él, y hallaréis descanso para vuestra alma. Jeremías 6:16.

336. El que siembra justicia tendrá galardón firme. Proverbios 11:18.

337. Porque tú, oh Jehová, bendecirás al justo; co-

mandamientos de mi Padre, y permanezco en su amor. Juan 15:10.

295. Cualquiera, pues, que me oye estas palabras, y las hace, le compararé a un hombre prudente, que edificó su casa sobre la roca. Mateo 7:24.

296. Respondió Jesús y le dijo: El que me ama, mi palabra guardará; y mi Padre le amará, y vendremos a él, y haremos morada con él. Juan 14:23.

297. Cualquiera que haga y enseñe estos mandamientos, éste será llamado grande en el reino de los cielos. Mateo 5:19.

298. Si alguno me sirve, sígame; y donde yo estuviere, allí también estará mi servidor. Si alguno me sirviere, mi Padre le honrará. Juan 12:26.

299. No todo el que me dice: Señor, Señor, entrará en el reino de los cielos; sino el que hace la voluntad de mi Padre que está en los cielos. Mateo 7:21.

300. El que hace la voluntad de Dios permanece para siempre. 1 Juan 2:17.

301. El que quiera hacer la voluntad de Dios, conocerá si la doctrina es de Dios, o si yo hablo por mi propia cuenta. Juan 7:17.

302. Si sabéis estas cosas, bienaventurados seréis si las hiciereis. Juan 13:17.

303. Cualquiera cosa que pidiéremos la recibiremos de él, porque guardamos sus mandamientos, y hacemos las cosas que son agradables delante de él. 1 Juan 3:22.

304. Guarda los preceptos de Jehová tu Dios, andando en sus caminos, y observando sus estatutos y mandamientos, sus decretos y sus testimonios, de la manera que está escrito en la ley de Moisés, para que prosperes en todo lo que hagas y en todo aquello que emprendas. 1 Reyes 2:3.

305. Todas las sendas de Jehová son misericordia y verdad, para los que guardan su pacto y sus testimonios. Salmo 25:10.
306. Si quisiereis y oyereis, comeréis el bien de la tierra. Isaías 1:19.
307. Mas esto les mandé, diciendo: Escuchad mi voz, y seré a vosotros por Dios, y vosotros me seréis por pueblo; y andad en todo camino que os mande, para que os vaya bien. Jeremías 7:23.
308. Ahora, pues, hijos, oídme, y bienaventurados los que guardan mis caminos. Proverbios 8:32.
309. Volveos a mí, y yo me volveré a vosotros, ha dicho Jehová de los ejércitos. Malaquías 3:7.
310. Si oyeren, y le sirvieren, acabarán sus días en bienestar, y sus años en dicha. Job 36:11.
311. Bienaventurados los que guardan sus testimonios, y con todo el corazón le buscan. Salmo 119:2.
312. El que guarda el mandamiento guarda su alma. Proverbios 19:16.
313. Mas el que mira atentamente en la perfecta ley, la de la libertad, y persevera en ella, no siendo oidor olvidadizo, sino hacedor de la obra, éste será bienaventurado en lo que hace. Santiago 1:25.
314. El vino a ser autor de eterna salvación para todos los que le obedecen. Hebreos 5:9.
315. Bienaventurados los que lavan sus ropas, para tener derecho al árbol de la vida, y para entrar por las puertas de la ciudad. Apocalipsis 22:14.

R. Dios no te obliga a someterte a El

VERSICULO CLAVE:

316. *Bienaventurados los pobres en espíritu, p*
que de ellos es el reino de los cielos.
Mateo 5:3.

317. Llevad mi yugo sobre vosotros, y aprended mí, que soy manso y humilde de corazón; y h llaréis descanso para vuestras almas. Mat 11:29.
318. Humillaos, pues, bajo la poderosa mano d Dios, para que él os exalte cuando fuere tiem po. 1 Pedro 5:6.
319. Bienaventurados los que oyen la palabra de Dios, y la guardan. Lucas 11:28.
320. Someteos a toda institución humana, ... porque ésta es la voluntad de Dios: que haciendo bien, hagáis callar la ignorancia de los hombres insensatos. 1 Pedro 2:13, 15.
321. Igualmente, jóvenes, estad sujetos a los ancianos; y todos, sumisos unos a otros, revestíos de humildad; porque Dios resiste a los soberbios, y da gracia a los humildes. 1 Pedro 5:5.
322. Así que, cualquiera que se humille como este niño, ése es el mayor en el reino de los cielos. Mateo 18:4.
323. Someteos, pues, a Dios; resistid al diablo, y huirá de vosotros. Santiago 4:7.
324. Humillaos delante del Señor, y él os exaltará. Santiago 4:10.
325. Bueno es esperar en silencio la salvación de Jehová. Lamentaciones 3:26.
326. Riquezas, honra y vida son la remuneración de la humildad y el temor de Jehová. Proverbios 22:4.
327. Y Jesús les dijo: Yo soy el pan de vida; el qu

mo con un escudo lo rodearás de tu favor. Salmo 5:12.

338. Y habrá allí calzada y camino, y será llamado Camino de Santidad. Isaías 35:8.

339. Yo, la luz, he venido al mundo, para que todo aquel que cree en mí no permanezca en tinieblas. Juan 12:46.

340. Jehová, ¿quién habitará en tu tabernáculo? ¿Quién morará en tu monte santo? El que anda en integridad, y hace justicia, y habla verdad en su corazón. Salmo 15:1, 2.

341. Porque Jehová es justo, y ama la justicia; el hombre recto mirará su rostro. Salmo 11:7.

342. Porque los ojos de Jehová contemplan toda la tierra, para mostrar su poder a favor de los que tienen corazón perfecto para con él. 2 Crónicas 16:9.

343. Si nuestro corazón no nos reprende, confianza tenemos en Dios. 1 Juan 3:21.

344. Conoce Jehová los días de los perfectos, y la heredad de ellos será para siempre. Salmo 37:18.

345. Porque el ocuparse de la carne es muerte, pero el ocuparse del Espíritu es vida y paz. Romanos 8:6.

346. Bienaventurados los perfectos de camino, los que andan en la ley de Jehová. Salmo 119:1.

347. Los perfectos de camino le son agradables. Proverbios 11:20.

348. El provee de sana sabiduría a los rectos; es escudo a los que caminan rectamente. Proverbios 2:7.

349. Honraré a los que me honran. 1 Samuel 2:30.

T. Dios bendice la conversación limpia

VERSICULO CLAVE:

350. *Al que ordenare su camino, le mostraré la salvación de Dios.* Salmo 50:23.

351. ¿Quién es el hombre que desea vida, que desea muchos días para ver el bien? Guarda tu lengua del mal, y tus labios de hablar engaño. Salmo 34:12, 13.
352. La lengua apacible es árbol de vida. Proverbios 15:4.
353. El hombre se alegra con la respuesta de su boca; y la palabra a su tiempo, ¡cuán buena es! Proverbios 15:23.
354. Por tus palabras serás justificado y por tus palabras serás condenado. Mateo 12:37.
355. Si confesares con tu boca que Jesús es el Señor, y creyeres en tu corazón que Dios le levantó de los muertos, serás salvo. Porque con el corazón se cree para justicia, pero con la boca se confiesa para salvación. Romanos 10:9, 10.
356. Panal de miel son los dichos suaves; suavidad al alma y medicina para los huesos. Proverbios 16:24.
357. El que guarda su boca y su lengua, su alma guarda de angustias. Proverbios 21:23.
358. El limpio de manos y puro de corazón; el que no ha elevado su alma a cosas vanas, ni jurado con engaño. El recibirá bendición de Jehová y justicia del Dios de salvación: Salmo 24:4, 5.
359. Todo aquel que confiese que Jesús es el Hijo de Dios, Dios permanece en él, y él en Dios. 1 Juan 4:15.
360. A cualquiera, pues, que me confiese delante de los hombres, yo también le confesaré de-

lante de mi Padre que está en los cielos. Mateo 10:32.

361. El corazón del sabio hace prudente su boca, y añade gracia a sus labios. Proverbios 16:23.
362. La boca del justo producirá sabiduría. Proverbios 10:32.
363. Los labios del justo saben hablar lo que agrada. Proverbios 10:32.
364. Porque yo os daré palabra y sabiduría, la cual no podrán resistir ni contradecir todos los que se opongan. Lucas 21:15.
365. Porque a éste es dada por el Espíritu palabra de sabiduría; a otro, palabra de ciencia según el mismo Espíritu. 1 Corintios 12:8.
366. Del hombre son las disposiciones del corazón; mas de Jehová es la respuesta de la lengua. Proverbios 16:1.
367. Sean vuestras costumbres sin avaricia, contentos con lo que tenéis ahora; porque él dijo: no te desampararé, ni te dejaré. Hebreos 13:5.
368. El que quiere amar la vida y ver días buenos, refrene su lengua de mal, y sus labios no hablen de engaño. 1 Pedro 3:10.
369. El labio veraz permanecerá para siempre; mas la lengua mentirosa, sólo por un momento. Proverbios 12:19.
370. Jehová, ¿quién habitará en tu tabernáculo? ¿Quién morará en tu monte santo? El que anda en integridad y hace justicia, y habla verdad en su corazón. El que no calumnia con su lengua, ni hace mal a su prójimo. Salmo 15:1, 2, 3.
371. La blanda respuesta quita la ira. Proverbios 15:1.

U. Dios bendecirá a tu familia

VERSICULO CLAVE:

372. *Y les daré un corazón, y un camino, para que me teman perpetuamente, para que tengan bien ellos, y sus hijos después de ellos.* Jeremías 32:39.

373. Aumentará Jehová bendición sobre vosotros; sobre vosotros y sobre vuestros hijos. Salmo 115:14.
374. Guarda sus estatutos y sus mandamientos, los cuales yo te mando hoy, para que te vaya bien a ti y a tus hijos después de ti. Deuteronomio 4:40.
375. Camina en integridad el justo; sus hijos son dichosos después de él. Proverbios 20:7.
376. En el temor de Jehová está la fuerte confianza; y esperanza tendrán sus hijos. Proverbios 14:26.
377. Te alegrarás en todo el bien que Jehová tu Dios te haya dado a ti y a tu casa. Deuteronomio 26:11.
378. El hace habitar en familia a la estéril. Salmo 113:9.
379. Mucho se alegrará el padre del justo, y el que engendra sabio se gozará con él. Proverbios 23:24.
380. Hijos, obedeced a vuestros padres en todo, porque esto agrada al Señor. Colosenses 3:20.
381. Honra a tu padre y a tu madre, que es el primer mandamiento con promesa; para que te vaya bien, y seas de larga vida sobre la tierra. Efesios 6:2, 3.
382. Instruye al niño en su camino, y aun cuando fuere viejo no se apartará de él. Proverbios 22:6.

V. Dios prospera al caritativo

VERSICULO CLAVE:

383. *En cuanto lo hicisteis a uno de estos mis hermanos más pequeños, a mí lo hicisteis.* Mateo 25:40.

384. Cualquiera que os diere un vaso de agua en mi nombre, porque sois de Cristo, de cierto os digo que no perderá su recompensa. Marcos 9:41.
385. El que da al pobre no tendrá pobreza. Proverbios 28:27.
386. Si dieres tu pan al hambriento, y saciares al alma afligida, en las tinieblas nacerá tu luz, y tu oscuridad será como el mediodía. Isaías 58:10.
387. Traed todos los diezmos al alfolí y haya alimento en mi casa; y probadme ahora en esto, dice Jehová de los ejércitos, si no os abriré las ventanas de los cielos, y derramaré sobre vosotros bendición hasta que sobreabunde. Malaquías 3:10.
388. El alma generosa será prosperada; y el que saciare, él también será saciado. Proverbios 11:25.
389. El que siembra escasamente también segará escasamente; y el que siembra generosamente, generosamente también segará. 2 Corintios 9:6.
390. Bienaventurados los misericordiosos, porque ellos alcanzarán misericordia. Mateo 5:7.
391. Cada uno dé como propuso en su corazón; no con tristeza ni por necesidad, porque Dios ama al dador alegre. 2 Corintios 9:7.
392. Pero esforzaos vosotros, y no desfallezcan vuestras manos, pues hay recompensa para vuestra obra. 2 Crónicas 15:7.

393. Bienaventurado el que piensa en el pobre; en el día malo lo librará Jehová. Salmo 41:1.

394. Poderoso es Dios para hacer que abunde en vosotros toda gracia, a fin de que, teniendo siempre en todas las cosas todo lo suficiente, abundéis para toda buena obra. 2 Corintios 9:8.

395. A Jehová presta el que da al pobre; y el bien que ha hecho, se lo volverá a pagar. Proverbios 19:17.

396. Dad, y se os dará; medida buena, apretada, remecida y rebosando darán en vuestro regazo; porque con la misma medida con que medís, os volverán a medir. Lucas 6:38.

W. Dios desea que vivamos en paz y unidad

VERSICULO CLAVE:

397. *Tened gozo, perfeccionaos, consolaos, sed de un mismo sentir, y vivid en paz; y el Dios de paz y amor estará con vosotros.* 2 Corintios 13:11.

398. En esto conocerán todos que sois mis discípulos, si tuviereis amor los unos con los otros. Juan 13:35.

399. ¡Mirad cuán bueno y cuán delicioso es habitar los hermanos juntos en armonía! Salmo 133:1.

400. El que ama a su hermano, permanece en la luz, y en él no hay tropiezo. 1 Juan 2:10.

401. Bienaventurados los pacificadores, porque ellos serán llamados hijos de Dios. Mateo 5:9.

402. Nosotros sabemos que hemos pasado de muerte a vida, en que amamos a los hermanos. 1 Juan 3:14.

403. Alegría hay en el corazón de los que piensan el bien. Proverbios 12:20.

404. Si nos amamos unos a otros, Dios permanece en nosotros, y su amor se ha perfeccionado en nosotros. 1 Juan 4:12.

405. Si el que te aborrece tuviere hambre, dale de comer pan, y si tuviere sed, dale de beber agua; porque ascuas amontonarás sobre su cabeza, y Jehová te lo pagará. Proverbios 25:21, 22.

406. Hijitos míos, no amemos de palabra ni de lengua, sino de hecho y en verdad. Y en esto conocemos que somos de la verdad, y aseguraremos nuestros corazones delante de él. 1 Juan 3:18, 19.

407. No devolviendo mal por mal, ni maldición por maldición, sino por el contrario, bendiciendo, sabiendo que fuisteis llamados para que heredaseis bendición. 1 Pedro 3:9.

408. Amad a vuestros enemigos, y haced bien y prestad, no esperando de ello nada; y será vuestro galardón grande, y seréis hijos del Altísimo. Lucas 6:35.

X. Dios nos llama a testificar de El

VERSICULO CLAVE:

409. *Venid en pos de mí, y os haré pescadores de hombres.* Mateo 4:19.

410. El fruto del justo es árbol de vida; y el que gana almas es sabio. Proverbios 11:30.

411. Los entendidos resplandecerán como el resplandor del firmamento; y los que enseñan la justicia a la multitud, como las estrellas a perpetua eternidad. Daniel 12:3.

412. No temas, sino habla, y no calles; porque yo estoy contigo, y ninguno pondrá sobre ti la mano para hacerte mal. Hechos 18:9, 10.

413. Recibiréis poder, cuando haya venido sobre vosotros el Espíritu Santo, y me seréis testigos en Jerusalén, en toda Judea, en Samaria, y hasta lo último de la tierra. Hechos 1:8.
414. El Espíritu Santo os enseñará en la misma hora lo que debáis decir. Lucas 12:12.
415. El Consolador, el Espíritu Santo, a quien el Padre enviará en mi nombre, él os enseñará todas las cosas y os recordará todo lo que yo os he dicho. Juan 14:26.
416. En tu boca he puesto mis palabras, y con la sombra de mi mano te cubrí. Isaías 51:16.
417. Esto os será ocasión para dar testimonio. Lucas 21:13.
418. Porque yo os daré palabra y sabiduría, la cual no podrán resistir ni contradecir todos los que se opongan. Lucas 21:15.
419. Ahora pues, ve, y yo estaré con tu boca, y te enseñaré lo que hayas de hablar. Exodo 4:12.
420. Jehová el Señor me dio lengua de sabios, para saber hablar palabras al cansado. Isaías 50:4.
421. Así ha dicho Jehová Dios de los ejércitos: Porque dijeron esta palabra, he aquí yo pongo mis palabras en tu boca por fuego. Jeremías 5:14.
422. Así alumbre vuestra luz delante de los hombres, para que vean vuestras buenas obras, y glorifiquen a vuestro Padre que está en los cielos. Mateo 5:16.
423. Sepa que el que haga volver al pecador del error de su camino, salvará de muerte un alma, y cubrirá multitud de pecados. Santiago 5:20.
424. Gloria y honra y paz a todo el que hace lo bueno, al judío primeramente y también al griego. Romanos 2:10.
425. Ten cuidado de ti mismo y de la doctrina; persiste en ello, pues haciendo esto, te salvarás

a ti mismo y a los que te oyeren. 1 Timoteo 4:16.

426. Porque Dios no es injusto para olvidar vuestra obra y el trabajo de amor que habéis mostrado hacia su nombre. Hebreos 6:10.

427. El que siega recibe salario, y recoge fruto para vida eterna, para que el que siembra goce juntamente con el que siega. Juan 4:36.

428. Así que, hermanos míos amados, estad firmes y constantes, creciendo en la obra del Señor siempre, sabiendo que vuestro trabajo no es en vano. 1 Corintios 15:58.

429. No nos cansemos, pues, de hacer bien; porque a su tiempo segaremos, si no desmayamos. Gálatas 6:9.

Toda buena dádiva y todo
don perfecto desciende de lo alto,
del Padre de las luces.

Santiago 1:17.

PROMESAS DE DIOS PARA TUS NECESIDADES PERSONALES

A. ¿Tienes dudas y temores?

VERSICULO CLAVE:

430. *Todo lo puedo en Cristo que me fortalece.* Filipenses 4:13.
431. No que seamos competentes por nosotros mismos para pensar algo como de nosotros mismos, sino que nuestra competencia proviene de Dios. 2 Corintios 3:5.
432. Estando plenamente convencido de que era también poderoso para hacer todo lo que había prometido. Romanos 4:21.
433. Porque fiel es el que prometió. Hebreos 10:23.
434. No temas, porque yo estoy contigo; no desmayes, porque yo soy tu Dios que te esfuerzo; siempre te ayudaré, siempre te sustentaré con la diestra de mi justicia. Isaías 41:10.
435. No olvidaré mi pacto, ni mudaré lo que ha salido de mis labios. Salmo 89:34.
436. Yo hablé, y lo haré venir; lo he pensado, y también lo haré. Isaías 46:11.
437. Porque yo Jehová no cambio. Malaquías 3:6.
438. El invocará mi nombre, y yo le oiré, y diré: Pueblo mío; y él dirá: Jehová es mi Dios. Zacarías 13:9.
439. Pedid y se os dará; buscad, y hallaréis; llamad y se os abrirá. Porque todo aquel que pide, recibe; y el que busca, halla; y al que llama, se le abrirá. Mateo 7:7, 8.
440. La oración eficaz del justo puede mucho. Santiago 5:16.
441. Fiel es el que os llama, el cual también lo hará. 1 Tesalonicenses 5:24.

442. La suma de tu palabra es verdad, y eterno es todo juicio de tu justicia. Salmo 119:160.
443. No tendrá temor de malas noticias; su corazón está firme, confiado en Jehová. Salmo 112:7.
444. El Señor no retarda su promesa, según algunos la tienen por tardanza, sino que es paciente para con nosotros, no queriendo que ninguno perezca, sino que todos procedan al arrepentimiento. 2 Pedro 3:9.
445. Porque todas las promesas de Dios son en él Sí, y en él Amén, por medio de nosotros, para la gloria de Dios. 2 Corintios 1:20.
446. Porque sol y escudo es Jehová Dios; gracia y gloria dará Jehová. No quitará el bien a los que andan en integridad. Salmo 84:11.
447. Orarás a él, y él te oirá. Job 22:27.
448. Palabra fiel y digna de ser recibida por todos: que Cristo Jesús vino al mundo para salvar a los pecadores. 1 Timoteo 1:15.
449. Entonces invocarás, y te oirá Jehová; clamarás, y dirá él: Heme aquí. Isaías 58:9.
450. Claman los justos, y Jehová oye, y los libra de todas sus angustias. Salmo 34:17.
451. En quien tenemos seguridad y acceso con confianza por medio de la fe en él. Efesios 3:12.
452. Sabed, pues, que Jehová ha escogido al piadoso para sí; Jehová oirá cuando yo a él clamare. Salmo 4:3.
453. Los ojos de Jehová están sobre los justos y atentos sus oídos al clamor de ellos. Salmo 34:15.
454. Vosotros, pues, no os preocupéis por lo que habéis de comer, ni por lo que habéis de beber, ni estéis en ansiosa inquietud. Mas buscad el reino de Dios, y todas estas cosas os serán añadidas. Lucas 12:29, 31.

B. ¿Es duro mantener limpia tu vida?

VERSICULO CLAVE:

455. *Habéis sido lavados, ya habéis sido santificados, ya habéis sido justificados en el nombre del Señor Jesús, y por el Espíritu de nuestro Dios.* 1 Corintios 6:11.

456. Aquel que es poderoso para guardaros sin caída, y presentaros sin mancha delante de su gloria con gran alegría. Judas 24.
457. Si alguno está en Cristo, nueva criatura es; las cosas viejas pasaron; he aquí todas son hechas nuevas. 2 Corintios 5:17.
458. Ya vosotros estáis limpios por la palabra que os he hablado. Juan 15:3.
459. Venid luego, dice Jehová, y estemos a cuenta: si vuestros pecados fueren como la grana, como la nieve serán emblanquecidos; si fueren rojos como el carmesí, vendrán a ser como blanca lana. Isaías 1:18.
460. Nos salvó, no por obras de justicia que nosotros hubiéramos hecho, sino por su misericordia, por el lavamiento de la regeneración y por la renovación en el Espíritu Santo, el cual derramó en nosotros abundantemente por Jesucristo nuestro Salvador. Tito 3:5, 6.
461. Las iniquidades prevalecen contra mí, mas nuestras rebeliones tú las perdonarás. Salmo 65:3.
462. Cristo amó a la iglesia, y se entregó a sí mismo por ella, para santificarla, habiéndola purificado en el lavamiento del agua por la palabra. Efesios 5:25, 26.
463. Si andamos en luz, como él está en luz, tenemos comunión unos con otros, y la sangre de Jesucristo su Hijo nos limpia de todo pecado. 1 Juan 1:7.

464. ¿Cuánto más la sangre de Cristo, el cual mediante el Espíritu eterno se ofreció a sí mismo sin mancha a Dios, limpiará vuestras conciencias de obras muertas para que sirváis al Dios vivo? Hebreos 9:14.

465. Jehová me ha premiado conforme a mi justicia; conforme a la limpieza de mis manos me ha recompensado. 2 Samuel 22:21.

466. Y habrá allí calzada y camino, y será llamado Camino de Santidad; no pasará inmundo por él. Isaías 35:8.

467. Acerquémonos con corazón sincero, en plena certidumbre de fe, purificados los corazones de mala conciencia, y lavados los cuerpos con agua pura. Hebreos 10:22.

468. Encomienda a Jehová tus obras, y tus pensamientos serán afirmados. Proverbios 16:3.

469. Deje el impío su camino, y el hombre inicuo sus pensamientos, y vuélvase a Jehová, el cual tendrá de él misericordia, y al Dios nuestro, el cual será amplio en perdonar. Isaías 55:7.

470. El mismo Dios de paz os santifique por completo; y todo vuestro ser, espíritu, alma y cuerpo, sea guardado irreprensible para la venida de nuestro Señor Jesucristo. 1 Tesalonicenses 5:23.

471. Bienaventurados los de limpio corazón, porque ellos verán a Dios. Mateo 5:8.

C. ¿Necesitas paz?

VERSICULO CLAVE:

472. *La paz de Dios, que sobrepasa todo entendimiento, guardará vuestros corazones y vuestros pensamientos en Cristo Jesús.* Filipenses 4:7.

473. El efecto de la justicia será paz; y la labor de la

justicia, reposo y seguridad para siempre. Isaías 32:17.

474. Dios hablará paz a su pueblo y a sus santos. Salmo 85:8.
475. La paz os dejo, mi paz os doy; yo no os la doy como el mundo la da. Juan 14:27.
476. Venid a mí todos los que estáis trabajados y cargados, y yo os haré descansar. Mateo 11:28.
477. Jehová dará poder a su pueblo; Jehová bendecirá a su pueblo con paz. Salmo 29:11.
478. Porque no nos ha dado Dios espíritu de cobardía, sino de poder, de amor y de dominio propio. 2 Timoteo 1:7.
479. Mucha paz tienen los que aman tu ley, y no hay para ellos tropiezo. Salmo 119:65.
480. Tú guardarás en completa paz a aquel cuyo pensamiento en ti persevera; porque en ti ha confiado. Isaías 26:3.
481. Ciertamente el bien y la misericordia me seguirán todos los días de mi vida, y en la casa de Jehová moraré por largos días. Salmo 23:6.
482. Tendrás confianza, porque hay esperanza. Te acostarás, y no habrá quien te espante. Job 11:18, 19.
483. Con sus plumas te cubrirá, y debajo de sus alas estarás seguro; escudo y adarga es su verdad. Salmo 91:4.
484. No te sobrevendrá mal, ni plaga tocará tu morada. Salmo 91:10.
485. No temas, porque yo estoy contigo. Isaías 43:5.
486. Cuando te acuestes, no tendrás temor, sino que te acostarás, y tu sueño será grato. Proverbios 3:24.
487. Gran ganancia es la piedad, acompañada de contentamiento. 1 Timoteo 6:6.
488. Tu fe te ha salvado, ve en paz. Lucas 7:50.

489. El mismo Señor de paz os dé siempre paz en toda manera. 2 Tesalonicenses 3:16.

490. Sean vuestras costumbres sin avaricia, contentos con lo que tenéis ahora; porque él dijo: No te desampararé, ni te dejaré. Hebreos 13:5.

D. ¿Eres tentado a menudo?

VERSICULO CLAVE:

491. *En todas estas cosas somos más que vencedores por medio de aquel que nos amó.* Romanos 8:37.

492. Fiel es Dios, que no os dejará ser tentados más de lo que podéis resistir, sino que dará también juntamente con la tentación la salida, para que podáis soportar. 1 Corintios 10:13.

493. El Señor sabe librar de tentación a los piadosos. 2 Pedro 2:9.

494. Pues en cuanto él mismo padeció siendo tentado, es poderoso para socorrer a los que son tentados. Hebreos 2:18.

495. Bástate mi gracia; porque mi poder se perfecciona en la debilidad. 2 Corintios 12:9.

496. Yo he rogado por ti, que tu fe no falte. Lucas 22:32.

497. No ruego que los quites del mundo, sino que los guardes del mal. Juan 17:15.

498. Confiad; yo he vencido al mundo. Juan 16:33.

499. Porque todo lo que es nacido de Dios vence al mundo; y ésta es la victoria que vence al mundo, nuestra fe. 1 Juan 5:4.

500. Resistid al diablo, y huirá de vosotros. Santiago 4:7.

501. Y el Dios de paz aplastará en breve a Satanás bajo vuestros pies. Romanos 16:20.

502. El te librará del lazo del cazador, de la peste destructora. Salmo 91:3.
503. No seas vencido de lo malo, sino vence con el bien el mal. Romanos 12:21.
504. Mantengamos firme, sin fluctuar, la profesión de nuestra esperanza, porque fiel es el que prometió. Hebreos 10:23.
505. Serás fuerte, y nada temerás. Job 11:15.
506. Así que, hermanos míos amados, estad firmes y constantes, creciendo en la obra del Señor siempre, sabiendo que vuestro trabajo en el Señor no es en vano. 1 Corintios 15:58.
507. El cual se dio a sí mismo por nuestros pecados para librarnos del presente siglo malo. Gálatas 1:4.
508. El que venciere heredará todas las cosas, y yo seré su Dios, y él será mi hijo. Apocalipsis 21:7.
509, Bienaventurado el varón que soporta la tentación; porque cuando haya resistido la prueba, recibirá la corona de vida, que Dios ha prometido a los que le aman. Santiago 1:12.
510. Al que venciere, le daré que se siente conmigo en mi trono, así como yo he vencido, y me he sentado con mi Padre en su trono. Apocalipsis 3:21.
511. Hijitos, vosotros sois de Dios, y los habéis vencido; porque mayor es el que está en vosotros, que el que está en el mundo. 1 Juan 5:4.

E. ¿Te sientes abrumado de culpa?

VERSICULO CLAVE:

512. *Ninguna condenación hay para los que están en Cristo Jesús.* Romanos 8:1.

513. Siendo justificados gratuitamente por su gra-

cia, mediante la redención que es en Cristo Jesús. Romanos 3:24.

514. Al que no conoció pecado, por nosotros lo hizo pecado, para que nosotros fuésemos hechos justicia de Dios en él. 2 Corintios 5:21.

515. Y a los que predestinó, a éstos también llamó; y a los que llamó, a éstos también justificó; y a los que justificó, a éstos también glorificó. Romanos 8:30.

516. De todo aquello de que por la ley de Moisés no pudisteis ser justificados, en él es justificado todo aquel que cree. Hechos 13:39.

517. Justificados, pues, por la fe, tenemos paz con Dios por medio de nuestro Señor Jesucristo. Romanos 5:1.

518. Verá el fruto de la aflicción de su alma y quedará satisfecho, por su conocimiento justificará mi siervo justo a muchos, y llevará las iniquidades de ellos. Isaías 53:11.

519. ¿Quién acusará a los escogidos de Dios? Dios es el que justifica. Romanos 8:33.

520. ¿Quién es el que condenará? Cristo es el que murió; más aún, el que también resucitó, el que además está a la diestra de Dios, el que también intercede por nosotros. Romanos 8:34.

521. Pues mucho más, estando ya justificados en su sangre, por él seremos salvos de la ira. Romanos 5:9.

522. Por la justicia de uno [Cristo] vino a todos los hombres la justificación de vida. Romanos 5:18.

523. Yo, yo soy el que borro tus rebeliones por amor de mí mismo, y no me acordaré de tus pecados, Isaías 43:25.

524. Cuanto está lejos el oriente del occidente. hizo alejar de nosotros nuestras rebeliones. Salmo 103:12.

525. Yo deshice como una nube tus rebeliones, y como niebla tus pecados; vuélvete a mí, porque yo te redimí. Isaías 44:22.
526. Nunca más me acordaré de sus pecados y transgresiones. Hebreos 10:17
527. El volverá a tener misericordia de nosotros; sepultará nuestras iniquidades, y echará en lo profundo del mar todos nuestros pecados. Miqueas 7:19.
528. Perdonaré la maldad de ellos, y no me acordaré más de su pecado. Jeremías 31:34.
529. Seré propicio a sus injusticias y nunca más me acordaré de sus pecados y de sus iniquidades. Hebreos 8:12.
530. El es quien perdona todas tus iniquidades, el que sana todas tus dolencias. Salmo 103:3.
531. En quien tenemos redención por su sangre, el perdón de pecados según las riquezas de su gracia. Efesios 1:7.
532. Si vuestros pecados fueren como la grana, como la nieve serán emblanquecidos; si fueren rojos como el carmesí, vendrán a ser como blanca lana. Isaías 1:18.
533. Y los limpiaré de toda su maldad con que pecaron contra mí; y perdonaré todos sus pecados con que contra mí pecaron, y con que contra mí se rebelaron. Jeremías 33:8.
534. Si alguno hubiere pecado, abogado tenemos para con el Padre, a Jesucristo el justo. 1 Juan 2:1.
535. El herido fue por nuestras rebeliones, molido por nuestros pecados; el castigo de nuestra paz fue sobre él, y por su llaga fuimos nosotros curados. Isaías 53:5.
536. La sangre de Jesucristo su Hijo, nos limpia de todo pecado. 1 Juan 1:7.
537. ¿Cuánto más la sangre de Cristo, el cual me-

diante el Espíritu eterno se ofreció a sí mismo sin mancha a Dios, limpiará vuestras conciencias de obras muertas para que sirváis al Dios vivo? Hebreos 9:14.

538. Todo pecado y blasfemia será perdonado a los hombres; a cualquiera que dijere alguna palabra contra el Hijo del Hombre, le será perdonado. Mateo 12:31, 32.
539. Bienaventurado aquel cuya transgresión ha sido perdonada, y cubierto su pecado. Salmo 32:1.
540. Bienaventurado el hombre a quien Jehová no culpa de iniquidad, y en cuyo espíritu no hay engaño. Salmo 32:2.
541. Todos nosotros nos descarriamos como ovejas, cada cual se apartó por su camino; mas Jehová cargó en él el pecado de todos nosotros. Isaías 53:6.
542. Si confesamos nuestros pecados, él es fiel y justo para perdonar nuestros pecados y limpiarnos de toda maldad. 1 Juan 1:9.

F. ¿Carece tu vida de dirección?

VERSICULO CLAVE:

543. *Reconócelo en todos tus caminos, y él enderezará tus veredas.* Proverbios 3:6.

544. Por Jehová son ordenados los pasos del hombre, y él aprueba su camino. Salmo 37:23.
545. Les haré andar por sendas que no habían conocido; delante de ellos cambiaré las tinieblas en luz, y lo escabroso en llanura. Estas cosas les haré, y no los desampararé. Isaías 42:16.
546. Te haré entender, y te enseñaré el camino en que debes andar, sobre ti fijaré mis ojos. Salmo 32:8.
547. Tus oídos oirán a tus espaldas palabra que

diga: Este es el camino, andad por él. Isaías 30:21.

548. Encomienda a Jehová tu camino, y confía en él; y él hará. Salmo 37:5.
549. Para dar luz a los que habitan en tinieblas y en sombra de muerte; para encaminar nuestros pies por camino de paz. Lucas 1:79.
550. Encaminará a los humildes por el juicio, y enseñará a los mansos su carrera. Salmo 25:9.
551. Porque este Dios es Dios nuestro eternamente y para siempre; él nos guiará aún más allá de la muerte. Salmo 48:14.
552. Me has guiado según tu consejo, y después me recibirás en gloria. Salmo 73:24.
553. De Jehová son los pasos del hombre; ¿cómo, pues, entenderá el hombre su camino? Proverbios 20:24.
554. Si tomare las alas del alba, y habitare en el extremo del mar, aun allí me asirá tu diestra. Salmo 139:9, 10.
555. Me guiará por sendas de justicia por amor de su nombre. Salmo 23:3.
556. El que tiene de ellos misericordia los guiará, y los conducirá a manantiales de aguas. Isaías 49:10.
557. En lugares de delicados pastos me hará descansar, junto a aguas de reposo me pastoreará. Salmo 23:2.
558. Cuando venga el Espíritu de verdad, él os guiará a toda la verdad. Juan 16:13.
559. Lámpara es a mis pies tu palabra, y lumbrera a mi camino. Salmo 119:105.
560. Afirmaré en verdad su obra. Isaías 61:8.
561. El corazón del hombre piensa su camino; mas Jehová endereza sus pasos. Proverbios 16:9.
562. Jehová te pastoreará siempre. Isaías 58:11.

G. ¿Es tu situación económica motivo de constante preocupación?

VERSICULO CLAVE:

563. *Mi Dios, pues, suplirá todo lo que os falta conforme a sus riquezas en gloria en Cristo Jesús.* Filipenses 4:19.

564. Pedid y se os dará; buscad y hallaréis; llamad y se os abrirá. Lucas 11:9.
565. Considerad los cuervos, que ni siembran, ni siegan; que ni tienen despensa, ni granero, y Dios los alimenta. ¿No valéis vosotros mucho más que las aves? Lucas 12:24.
566. Echando toda vuestra ansiedad sobre él, porque él tiene cuidado de vosotros. 1 Pedro 5:7.
567. Gracia y gloria dará Jehová. No quitará el bien a los que andan en integridad. Salmo 84:11.
568. Vuestro Padre celestial sabe que tenéis necesidad de todas estas cosas. Mateo 6:32.
569. Hasta ahora nada habéis pedido en mi nombre; pedid y recibiréis para que vuestro gozo sea cumplido. Juan 16:24.
570. No temáis, manada pequeña, porque a vuestro Padre le ha placido daros el reino. Lucas 12:32.
571. Confía en Jehová, y haz el bien; y habitarás en la tierra, y te apacentarás de la verdad. Salmo 37:3.
572. Joven fui, y he envejecido, y no he visto justo desamparado, ni su descendencia que mendigue pan. Salmo 37:25.
573. Si vosotros, siendo malos, sabéis dar buenas dádivas a vuestros hijos, ¿cuánto más vuestro Padre que está en los cielos dará buenas cosas a los que le pidan? Mateo 7:11.
574. Mas buscad el reino de Dios, y todas estas cosas os serán añadidas. Lucas 12:31.

575. Mejor es lo poco del justo, que las riquezas de muchos pecadores. Salmo 37:16.
576. Aun los cabellos de vuestra cabeza están todos contados. No temáis, pues; más valéis vosotros que muchos pajarillos. Lucas 12:7.
577. Y si así viste Dios la hierba que hoy está en el campo, y mañana es echada al horno, ¿cuánto más a vosotros, hombres de poca fe? Lucas 12:28.
578. Vuestro Padre sabe que tenéis necesidad de estas cosas. Lucas 12:30.
579. Jehová se acordó de nosotros; nos bendecirá. Salmo 115:12.
580. Guardaréis, pues, las palabras de este pacto, y las pondréis por obra, para que prosperéis en todo lo que hiciereis. Deuteronomio 29:9.
581. Será como árbol plantado junto a corrientes de aguas, que da su fruto a su tiempo, y su hoja no cae; y todo lo que hace, prosperará. Salmo 1:3.
582. Entonces serás prosperado, si cuidares de poner por obra los estatutos y decretos que Jehová mandó a Moisés para Israel. Esfuérzate, pues, y cobra ánimo; no temas, ni desmayes. 1 Crónicas 22:13.
583. En estos días en que buscó a Jehová, él le prosperó. 2 Crónicas 26:5.
584. Por tanto, os digo que todo lo que pidiereis orando, creed que lo recibiréis, y os vendrá. Marcos 11:24.
585. Todo lo que pidiereis al Padre en mi nombre, lo haré, para que el Padre sea glorificado en el Hijo. Juan 14:13.
586. Si algo pidiereis en mi nombre, yo lo haré. Juan 14:14.

H. ¿Eres infeliz?

VERSICULO CLAVE:

587. *Los que sembraron con lágrimas, con regocijo segarán.* Salmo 126:5.

588. Irá andando y llorando el que lleva la preciosa semilla; mas volverá a venir con regocijo, trayendo sus gavillas. Salmo 126:6.

589. El gozo de Jehová es vuestra fuerza. Nehemías 8:10.

590. En él se alegrará nuestro corazón, porque en su santo nombre hemos confiado. Salmo 33:21.

591. Yo me alegraré en Jehová, y me gozaré en el Dios de mi salvación. Habacuc 3:18.

592. Os volveré a ver, y se gozará vuestro corazón, y nadie os quitará vuestro gozo. Juan 16:22.

593. Se alegrará el justo en Jehová, y confiará en él; y se gloriarán todos los rectos de corazón. Salmo 64:10.

594. El sana a los quebrantados de corazón, y venda sus heridas. Salmo 147:3.

595. Estas cosas os he hablado, para que mi gozo esté en vosotros, y vuestro gozo sea cumplido. Juan 15:11.

596. El reino de Dios no es comida ni bebida, sino justicia, paz y gozo en el Espíritu Santo. Romanos 14:17.

597. Has amado la justicia y aborrecido la maldad; por tanto, te ungió Dios, el Dios tuyo, con óleo de alegría más que a tus compañeros. Salmo 45:7.

598. Sacaréis con gozo aguas de las fuentes de la salvación. Isaías 12:3.

599. Me mostrarás la senda de la vida; en tu presencia hay plenitud de gozo; delicias a tu diestra para siempre. Salmo 16:11.

600. A quien amáis sin haberle visto, en quien creyendo, aunque ahora no lo veáis, os alegráis con gozo inefable y glorioso. 1 Pedro 1:8.
601. Los justos se alegrarán; se gozarán delante de Dios y saltarán de alegría. Salmo 68:3.
602. Con alegría saldréis y con paz seréis vueltos. Isaías 55:12.
603. Puso luego en mi boca cántico nuevo, alabanza a nuestro Dios. Verán esto muchos, y temerán, y confiarán en Jehová. Salmo 68:3.
604. Si alguna cosa padecéis por causa de la justicia, bienaventurados sois. Por tanto, no os amedrentéis por temor de ellos, ni os conturbéis. 1 Pedro 3:14.
605. El que confía en Jehová es bienaventurado. Proverbios 16:20.
606. En tu nombre se alegrará todo el día, y en tu justicia será enaltecido. Salmo 89:16.
607. Te alegrarás en todo el bien que Jehová tu Dios te haya dado a ti y a tu casa. Deuteronomio 26:11.
608. Alégrense todos los que en ti confían. Salmo 5:11.

I. ¿Necesitas protección?

VERSICULO CLAVE:

609. *He aquí, yo estoy contigo, y te guardaré por dondequiera que fueres.* Génesis 28:15.

610. En paz me acostaré, y asimismo dormiré; porque sólo tú Jehová, me haces vivir confiado. Salmo 4:8.
611. El que me oyere, habitará confiadamente y vivirá tranquilo, sin temor del mal. Proverbios 1:33.
612. Jehová es mi luz y mi salvación; ¿de quién

temeré? Jehová es la fortaleza de mi vida; ¿de quién he de atemorizarme? Salmo 27:1.

613. El amado de Jehová habitará confiado cerca de él; lo cubrirá siempre, y entre sus hombros morará. Deuteronomio 33:12.

614. A sus ángeles mandará acerca de ti, que te guarden en todos tus caminos. Salmo 91:11.

615. Torre fuerte es el nombre de Jehová; a él correrá el justo y será levantado. Proverbios 18:10.

616. Diré yo a Jehová: Esperanza mía y castillo mío; mi Dios, en quien confiaré. Salmo 91:2.

617. Yo sé a quien he creído, y estoy seguro que es poderoso para guardar mi depósito para aquel día. 2 Timoteo 1:12.

618. Si anduviere yo en medio de la angustia, tú me vivificarás; contra la ira de mis enemigos extenderás tu mano, y me salvará tu diestra. Salmo 138:7.

619. Yo te pondré en una hendidura de la peña, y te cubriré con mi mano hasta que haya pasado. Exodo 30:22.

620. El que habita al abrigo del Altísimo, morará bajo la sombra del Omnipotente. Salmo 91:1.

621. ¿Quién es aquel que os podrá hacer daño, si vosotros seguís el bien? 1 Pedro 3:13.

622. Como Jerusalén tiene montes alrededor de ella, así Jehová está alrededor de su pueblo desde ahora y para siempre. Salmo 125:2.

623. El ángel de Jehová acampa alrededor de los que le temen, y los defiende. Salmo 34:7.

624. Cuando pases por las aguas, yo estaré contigo; y si por los ríos, no te anegarán. Cuando pases por el fuego, no te quemarás, ni la llama arderá en ti. Isaías 43:2.

625. Muchas son las aflicciones del justo, pero de todas ellas le librará Jehová. Salmo 34:19.

626. Tú eres mi refugio; me guardarás de la angus-

tia; con cánticos de liberación me rodearás. Salmo 32:7.

627. Ahora conozco que Jehová salva a su ungido; lo oirá desde sus santos cielos con la potencia salvadora de su diestra. Salmo 20:6.
628. Dios es el que me ciñe de poder y quien hace perfecto mi camino. Salmo 18:32.
629. Dios es nuestro amparo y fortaleza, nuestro pronto auxilio en las tribulaciones. Salmo 46:1.

J. ¿Es la enfermedad un problema?

VERSICULO CLAVE:

630. *La oración de fe salvará al enfermo, y el Señor lo levantará.* Santiago 5:15.
631. Y estas señales seguirán a los que creen: sobre los enfermos pondrán sus manos y sanarán. Marcos 16:17, 18.
632. Confesaos vuestras ofensas unos a otros, y orad unos por otros, para que seáis sanados. La oración eficaz del justo puede mucho. Santiago 5:16.
633. Mas él herido fue por nuestras rebeliones, molido por nuestros pecados; el castigo de nuestra paz fue sobre él, y por su llaga fuimos nosotros curados. Isaías 53:5.
634. Yo haré venir sanidad para ti, y sanaré tus heridas, dice Jehová. Jeremías 30:17.
635. Quitará Jehová de ti toda enfermedad; y todas las malas plagas de Egipto que tú conoces, no las pondrá sobre ti. Deuteronomio 7:15.
636. Jehová lo sustentará sobre el lecho del dolor; mullirás toda su cama en su enfermedad. Salmo 41:3.
637. Y me ha dicho: Bástate mi gracia; porque mi poder se perfecciona en la debilidad. Por tanto,

de buena gana me gloriaré más bien en mis debilidades, para que repose sobre mí el poder de Cristo. 2 Corintios 12:9.

638. Porque esta leve tribulación momentánea produce en nosotros un cada vez más excelente y eterno peso de gloria. 2 Corintios 4:17.

639. Entonces nacerá tu luz como el alba, y tu salvación se dejará ver pronto; e irá tu justicia delante de ti, y la gloria de Jehová será tu retaguardia. Isaías 58:8.

640. Bendice, alma mía, a Jehová, y no olvides ninguno de sus beneficios. El es quien perdona todas tus iniquidades, el que sana todas tus dolencias. Salmo 103:2, 3.

641. A Jehová vuestro Dios serviréis; y yo quitaré toda enfermedad de en medio de ti. Exodo 23:25.

642. Yo les traeré sanidad y medicina; y los curaré y les revelaré abundancia de paz y de verdad. Jeremías 33:6.

643. ¿Por qué te abates, oh alma mía, y por qué te turbas dentro de mí? Espera en Dios; porque aún he de alabarle, salvación mía y Dios mío. Salmo 42:11.

644. Yo soy Jehová tu sanador. Exodo 15:26.

645. Jesús le dijo: si puedes creer, al que cree todo le es posible. Marcos 9:23.

646. Quien llevó él mismo nuestros pecados en su cuerpo sobre el madero para que nosotros, estando muertos a los pecados, vivamos a la justicia; y por cuya herida fuisteis sanados. 1 Pedro 2:24.

K. ¿Qué de tus amigos?

VERSICULO CLAVE:

647. *Nadie tiene mayor amor que éste, que uno ponga su vida por sus amigos.* Juan 15:13.
648. De modo que si alguno está en Cristo, nueva criatura es; las cosas viejas pasaron; he aquí todas son hechas nuevas. 2 Corintios 5:17.
649. Si andamos en luz, como él está en luz, tenemos comunión unos con otros. 1 Juan 1:7.
650. El hombre que tiene amigos ha de mostrarse amigo; y amigo hay más unido que un hermano. Proverbios 18:24.
651. Ya no os llamaré siervos, porque el siervo no sabe lo que hace su señor; pero os he llamado amigos, porque todas las cosas que oí de mi Padre, os las he dado a conocer. Juan 15:15.
652. Así andarás por el camino de los buenos, y seguirás las veredas de los justos. Proverbios 2:20.
653. Bienaventurado el varón que no anduvo en consejo de malos, ni estuvo en camino de pecadores, ni en silla de escarnecedores se ha sentado. Salmo 1:1.
654. En todo tiempo ama el amigo, y es como un hermano en tiempo de angustia. Proverbios 17:17.
655. Salid de en medio de ellos, y apartaos, dice el Señor; y no toquéis lo inmundo, y yo os recibiré. 2 Corintios 6:17.
656. El que anda con sabios, sabio será; mas el que se junta con necios será quebrantado. Proverbios 13:20.
657. Vosotros sois mis amigos, si hacéis lo que yo os mando. Juan 15:14.

L. ¿Es importante tener una buena reputación?

VERSICULO CLAVE:

658. *De más estima es el buen nombre que las muchas riquezas, y la buena fama más que la plata y el oro.* Proverbios 22:1.
659. Mejor es la buena fama que el buen ungüento. Eclesiastés 7:1.
660. Exhibirá tu justicia como la luz, y tu derecho como el mediodía. Salmo 37:6.
661. Si sois vituperados por el nombre de Cristo, sois bienaventurados, porque el glorioso Espíritu de Dios reposa sobre vosotros. 1 Pedro 4:14.
662. Honra es del hombre dejar la contienda; mas todo insensato se envolverá en ella. Proverbios 20:3.
663. Del azote de la lengua serás encubierto; no temerás de las fieras del campo. Job 5:21.
664. El enviará desde los cielos y me salvará de la infamia del que me acosa. Salmo 57:3.
665. Oídme los que conocéis justicia, pueblo en cuyo corazón está mi ley. No temáis afrenta de hombre, ni desmayéis por sus ultrajes. Isaías 51:7.
666. Levantarás tu rostro limpio de mancha. Job 11:15.
667. Mejor es el que tarda en airarse que el fuerte; y el que se enseñorea de su espíritu, que el que toma una ciudad. Proverbios 16:32.
668. En lo secreto de tu presencia los esconderás de la conspiración del hombre; los pondrás en un tabernáculo a cubierto de contención de lenguas. Salmo 31:20.

M. ¿Te sientes inseguro a menudo?

VERSICULO CLAVE:

669. *El eterno Dios es tu refugio, y acá abajo los brazos eternos.* Deuteronomio 33:27.

670. Dios es nuestro amparo y fortaleza, nuestro pronto auxilio en las tribulaciones. Salmo 46:1.
671. En el temor de Jehová está la fuerte confianza; y esperanza tendrán sus hijos. Proverbios 14:26.
672. Jehová es la fortaleza de su pueblo, y el refugio salvador de su ungido. Salmo 28:8.
673. Todo lo puedo en Cristo que me fortalece. Filipenses 4:13.
674. Torre fuerte es el nombre de Jehová; a él correrá el justo, y será levantado. Proverbios 18:10.
675. Fuiste fortaleza al pobre, fortaleza al menesteroso en su aflicción, refugio contra el turbión, sombra contra el calor. Isaías 25:4.
676. Cuando el hombre cayere, no quedará postrado, porque Jehová sostiene su mano. Salmo 37:24.
677. Conoce Jehová los días de los perfectos, y la heredad de ellos será para siempre. Salmo 37:18.
678. Jehová será refugio del pobre, refugio para el tiempo de angustia. Salmo 9:9.
679. En ti confiarán los que conocen tu nombre, por cuanto tú, oh Jehová, no desamparaste a los que te buscaron. Salmo 9:10.
680. Por cuanto en mí ha puesto su amor, yo también lo libraré; le pondré en alto, por cuanto ha conocido mi nombre. Salmo 81:14.
681. Si Dios es por nosotros, ¿quién contra nosotros? Romanos 8:31.
682. Podemos decir confiadamente: el Señor es mi

ayudador; no temeré lo que me pueda hacer el hombre. Hebreos 13:6.

683. Yo Jehová soy tu Dios, quien te sostiene de tu mano derecha, y te dice: No temas, yo te ayudo. Isaías 41:13.

N. ¿Necesitas sabiduría?

VERSICULO CLAVE:

684. *Si alguno de vosotros tiene falta de sabiduría, pídala a Dios, el cual da a todos abundantemente y sin reproche, y le será dada.* Santiago 1:5.

685. Porque al hombre que le agrada, Dios le da sabiduría, ciencia y gozo. Eclesiastés 2:26.

686. Bienaventurado el hombre que halla la sabiduría, y que obtiene la inteligencia. Proverbios 3:13.

687. El nos enseñará sus caminos, y caminaremos por sus sendas. Isaías 2:3.

688. El entendido en la palabra hallará el bien, y el que confía en Jehová es bienaventurado. Proverbios 16:20.

689. Otra vez Jesús les habló diciendo: Yo soy la luz del mundo, el que me sigue, no andará en tinieblas, sino que tendrá la luz de la vida. Juan 8:12.

690. Los hombres malos no entienden el juicio; mas los que buscan a Jehová entienden todas las cosas. Proverbios 28:5.

691. Jehová da la sabiduría, y de su boca viene el conocimiento y la inteligencia. El provee de sana sabiduría a los rectos. Proverbios 2:6, 7.

692. Bendeciré a Jehová que me aconseja. Salmo 16:7.

693. Oirá el sabio, y aumentará el saber, y el entendido adquirirá consejo. Proverbios 1:5.
694. Sabemos que el Hijo de Dios ha venido, y nos ha dado entendimiento para conocer al que es verdadero; y estamos en el verdadero, en su Hijo Jesucristo. 1 Juan 5:20.
695. El que me halle, hallará la vida, y alcanzará el favor de Jehová. Proverbios 8:35.
696. El que posee entendimiento ama su alma; el que guarda la inteligencia hallará el bien. Proverbios 19:8.
697. El hombre natural no percibe las cosas que son del Espíritu de Dios, porque para él son locura, y no las puede entender, porque se han de discernir espiritualmente. En cambio, el espiritual juzga todas las cosas. 1 Corintios 2:14, 15.
698. Reconócelo en todos tus caminos, y él enderezará tus veredas. Proverbios 3:6.
699. Manantial de vida es el entendimiento al que lo posee. Proverbios 16:22.
700. Con Dios está la sabiduría y el poder; suyo es el consejo y la inteligencia. Job 12:13.
701. La boca del justo producirá sabiduría. Proverbios 10:31.
702. Dios nos las reveló a nosotros por el Espíritu; porque el Espíritu todo lo escudriña, aun lo profundo de Dios. 1 Corintios 2:10.
703. El que creyere en él, no será avergonzado. 1 Pedro 2:6.

O. ¿Te sientes solo?

VERSICULO CLAVE:

704. *No te desampararé, ni te dejaré.* Hebreos 13:5.

705. Porque los montes se moverán y los collados

temblarán, pero no se apartará de ti mi misericordia, ni el pacto de mi paz se quebrantará, dijo Jehová, el que tiene misericordia de ti. Isaías 54:10.

706. Nuestra comunión verdaderamente es con el Padre, y con su Hijo Jesucristo. 1 Juan 1:3.

707. El hombre que tiene amigos ha de mostrarse amigo; y amigo hay más unido que un hermano. Proverbios 18:24.

708. He aquí yo estoy a la puerta y llamo; si alguno oye mi voz y abre la puerta, entraré a él, y cenaré con él, y él conmigo. Apocalipsis 3:20.

709. Acercaos a Dios, y él se acercará a vosotros. Santiago 4:8.

710. A Jehová he puesto siempre delante de mi; porque está a mi diestra, no seré conmovido. Salmo 16:8.

711. El dijo: Mi presencia irá contigo, y te daré descanso. Exodo 33:14.

712. Con amor eterno te he amado; por tanto, te prolongué mi misericordia. Jeremías 31:3.

713. Porque no abandonará Jehová a su pueblo, ni desamparará su heredad. Salmo 94:14.

714. Yo Jehová te he llamado en justicia, y te sostendré por la mano. Isaías 42:6.

715. Estas cosas les haré, y no los desampararé. Isaías 42:16.

716. Jehová no desampara a sus santos, para siempre serán guardados. Salmo 37:28.

717. Yo he venido para que tengan vida, y para que la tengan en abundancia. Juan 10:10.

718. Aunque mi padre y mi madre me dejaran, con todo, Jehová me recogerá. Salmo 27:10.

719. No os dejaré huérfanos; vendré a vosotros. Juan 14:18.

P. ¿Estás impaciente?

VERSICULO CLAVE:

720. *Porque os es necesaria la paciencia, para que habiendo hecho la voluntad de Dios, obtengáis la promesa.* Hebreos 10:36.

721. Con vuestra paciencia ganaréis vuestras almas. Lucas 21:19.
722. No nos cansemos, pues, de hacer bien; porque a su tiempo segaremos, si no desmayamos. Gálatas 6:9.
723. Todo tiene su tiempo, y todo lo que se quiere debajo del cielo tiene su hora. Eclesiastés 3:1.
724. Guarda silencio ante Jehová, y espera en él. No te alteres con motivo del que prospera en su camino, por el hombre que hace maldades. Porque los malignos serán destruidos, pero los que esperan en Jehová, ellos heredarán la tierra. Salmo 37:7, 9.
725. Sabiendo que la prueba de vuestra fe produce paciencia. Santiago 1:3.
726. Tenga la paciencia su obra completa, para que seáis perfectos y cabales, sin que os falte cosa alguna. Santiago 1:4.
727. El Dios de la paciencia y de la consolación os dé entre vosotros un mismo sentir según Cristo Jesús. Romanos 15:5.
728. Sé fiel hasta la muerte, y yo te daré la corona de la vida. Apocalipsis 2:10.
729. Mejor es el fin del negocio que su principio; mejor es el sufrido de espíritu que el altivo de espíritu. Eclesiastés 7:8.
730. Bienaventurado el varón que soporta la tentación; porque cuando haya resistido la prueba, recibirá la corona de vida, que Dios ha prometido a los que le aman. Santiago 1:12.

731. El que persevere hasta el fin, éste será salvo. Mateo 10:22.

732. He aquí, tenemos por bienaventurados a los que sufren. Habéis oído de la paciencia de Job, y habéis visto el fin del Señor, que el Señor es muy misericordioso y compasivo. Santiago 5:11.

733. Pacientemente esperé a Jehová, y se inclinó a mí, y oyó mi clamor. Salmo 40:1.

734. No perdáis, pues, vuestra confianza, que tiene grande galardón; porque aún un poquito, y el que ha de venir vendrá, y no tardará. Hebreos 10:35, 37.

735. Y se dirá en aquel día: He aquí, éste es nuestro Dios, le hemos esperado, y nos salvará. Isaías 25:9.

736. El es galardonador de los que le buscan. Hebreos 11:6.

737. También nos gloriamos en las tribulaciones, sabiendo que la tribulación produce paciencia; y la paciencia, prueba; y la prueba, esperanza; y la esperanza no avergüenza; porque el amor de Dios ha sido derramado en nuestros corazones por el Espíritu Santo que nos fue dado. Romanos 5:3,5.

738. Aguarda a Jehová; esfuérzate, y aliéntese tu corazón; sí, espera a Jehová. Salmo 27:14.

739. El ha hecho conmigo pacto perpetuo, ordenado en todas las cosas, y será guardado. 2 Samuel 23:5.

740. La oración eficaz del justo puede mucho. Santiago 5:16.

741. Los que esperan a Jehová tendrán nuevas fuerzas; levantarán alas como las águilas; correrán y no se cansarán; caminarán, y no se fatigarán. Isaías 40:31.

Q. ¿Qué hacer si te persiguen?

VERSICULO CLAVE:

742. *Bienaventurados los que padecen persecución por causa de la justicia, porque de ellos es el reino de los cielos.* Mateo 5:10.

743. Si sufrimos, también reinaremos con él. 2 Timoteo 2:12.
744. El que halla su vida, la perderá; y el que pierde su vida por causa de mí, la hallará. Mateo 10:39.
745. Amados, no os sorprendáis del fuego de prueba que os ha sobrevenido, como si alguna cosa extraña os aconteciese, sino gozaos por cuanto sois participantes de los padecimientos de Cristo, para que también en la revelación de su gloria os gocéis con gran alegría. 1 Pedro 4:12, 13.
746. Si sois vituperados por el nombre de Cristo, sois bienaventurados, porque el glorioso Espíritu de Dios reposa sobre vosotros. 1 Pedro 4:14.
747. No digas: Yo me vengaré; espera a Jehová, y él te salvará. Proverbios 20:22.
748. Perdonad y seréis perdonados. Lucas 6:37.
749. Bienaventurados los mansos, porque ellos recibirán la tierra por heredad. Mateo 5:5.
750. Amad a vuestros enemigos, bendecid a los que os maldicen, haced bien a los que os aborrecen y orad por los que os ultrajan y os persiguen; para que seáis hijos de vuestro Padre que está en los cielos. Mateo 5:44, 45.
751. Si el que te aborrece tuviere hambre, dale de comer pan, y si tuviere sed, dale de beber agua; porque ascuas amontonarás sobre su cabeza, y Jehová te lo pagará. Proverbios 25:21, 22.
752. Porque Jehová vuestro Dios es quien pelea por vosotros, como él os dijo. Josué 23:10.

753. Aderezas mesa delante de mí en presencia de mis angustiadores; unges mi cabeza con aceite; mi copa está rebozando. Salmo 23:5.
754. Alégrense todos los que en ti confían; den voces de júbilo para siempre, porque tú los defiendes. Salmo 5:11.
755. El echó de delante de ti al enemigo, y dijo: destruye. Deuteronomio 33:27.
756. Jehová es el que hace justicia y derecho a todos los que padecen violencia. Salmo 103:6.
757. Porque Jehová vuestro Dios va con vosotros, para pelear por vosotros contra vuestros enemigos para salvaros. Deuteronomio 20:4.
758. Si anduviere yo en medio de la angustia, tú me vivificarás. Contra la ira de mis enemigos extenderás tu mano. Salmo 138:7.
759. El guarda los pies de sus santos, mas los impíos perecen en tinieblas; porque nadie será fuerte por su propia fuerza. 1 Samuel 2:9.
760. Jehová está en medio de ti, poderoso, él salvará; se gozará sobre ti con alegría, callará de amor, se regocijará sobre ti con cánticos. Sofonías 3:17.
761. Jehová derrotará a tus enemigos que se levantaren contra ti; por un camino saldrán contra ti, y por siete caminos huirán de delante de ti. Deuteronomio 28:7.
762. Dios no aborrece al perfecto, ni apoya la mano de los malignos. Aún llenará tu boca de risa y tus labios de júbilo. Job 8:20, 21.
763. Jehová abre los ojos a los ciegos; Jehová levanta a los caídos; Jehová ama a los justos. Salmo 146:8.
764. Echa sobre Jehová tu carga, y él te sustentará; no dejará para siempre caído al justo. Salmo 55:22.
765. Porque de la manera que abundan en nosotros

las aflicciones de Cristo, así abunda también por el mismo Cristo nuestra consolación. 2 Corintios 1:5.

766. Estamos atribulados en todo, mas no angustiados; en apuros, mas no desesperados; perseguidos, mas no desamparados; derribados, pero no destruidos. 2 Corintios 4:8, 9.

767. Estas cosas os he hablado para que en mí tengáis paz. En el mundo tendréis aflicción; pero confiad, yo he vencido al mundo. Juan 16:33.

R. ¿Estás triste por algo?

VERSICULO CLAVE:

768. *Aunque ande en valle de sombra de muerte, no temeré mal alguno, porque tú estarás conmigo; tu vara y tu cayado me infundirán aliento.* Salmo 23:4.

769. El mismo Jesucristo Señor nuestro, y Dios nuestro Padre, el cual nos amó y nos dio consolación eterna y buena esperanza por gracia, conforte vuestros corazones, y os confirme en toda buena palabra y obra. 2 Tesalonicenses 2:16, 17.

770. En la multitud de mis pensamientos dentro de mí, tus consolaciones alegraban mi alma. Salmo 94:19.

771. Jehová ha consolado a su pueblo, y de sus pobres tendrá misericordia. Isaías 49:13.

772. Bendito sea el Dios y Padre de nuestro Señor Jesucristo, Padre de misericordias y Dios de toda consolación, el cual nos consuela en todas nuestras tribulaciones, para que podamos también nosotros consolar a los que están en cualquier tribulación, por medio de la consolación

con que nosotros somos consolados por Dios. 2 Corintios 1:3, 4.

773. Yo, yo soy vuestro consolador. Isaías 51:12.
774. La bendición de Jehová es la que enriquece, y no añade tristeza con ella. Proverbios 10:22.
775. Ella es mi consuelo en mi aflicción, porque tu dicho me ha vivificado. Salmo 119:50.
776. Bienaventurados los que lloran, porque ellos recibirán consolación. Mateo 5:4.
777. Aun los cabellos de vuestra cabeza están todos contados. No temáis, pues; más valéis vosotros que muchos pajarillos. Lucas 12:7.
778. El me ha enviado a predicar buenas nuevas a los abatidos; a consolar a todos los enlutados; a ordenar que a los afligidos de Sion se les dé gloria en lugar de ceniza, óleo de gozo en lugar de luto, manto de alegría en lugar del espíritu angustiado. Isaías 61:1, 2, 3.
779. No os dejaré huérfanos; vendré a vosotros. Juan 14:18.
780. Olvidarás tu miseria, o te acordarás de ella como de aguas que pasaron. Job 11:16.
781. Cercano está Jehová a los quebrantados de corazón; y salva a los contritos de espíritu. Salmo 34:18.
782. Consolaos, consolaos, pueblo mío, dice vuestro Dios. Isaías 40:1.
733. Y sabemos que a los que aman a Dios, todas las cosas les ayudan a bien, esto es, a los que conforme a su propósito son llamados. Romanos 8:28.
784. Los sacrificios de Dios son el espíritu quebrantado; al corazón contrito y humillado no despreciarás tú, oh Dios. Salmo 51:17.
785. Miraré a aquel que es pobre y humilde de espíritu, y que tiembla a mi palabra. Isaías 66:2.

786. El sana a los quebrantados de corazón y venda sus heridas. Salmo 147:3.

S. ¿Te sientes a menudo insuficiente o frustrado?

VERSICULO CLAVE:

787. *Y se dirá de mí: Ciertamente en Jehová está la justicia y la fuerza.* Isaías 45:24.

788. Porque de su plenitud tomamos todos, y gracia sobre gracia. Pues la ley por medio de Moisés fue dada, pero la gracia y la verdad vinieron por medio de Jesucristo. Juan 1:16, 17.

789. Por él estáis vosotros en Cristo Jesús, el cual nos ha sido hecho por Dios sabiduría, justificación y redención. 1 Corintios 1:30.

790. Porque un niño nos es nacido, hijo nos es dado, y el principado sobre su hombro; y se llamará su nombre Admirable, Consejero, Dios fuerte, Padre eterno, Príncipe de paz. Isaías 9:6.

791. Porque yo vivo, vosotros también viviréis. Juan 14:19.

792. Con Cristo estoy juntamente crucificado, y ya no vivo yo, mas vive Cristo en mí; y lo que ahora vivo en la carne, lo vivo en la fe del Hijo de Dios, el cual me amó y se entregó a sí mismo por mí. Gálatas 2:20.

793. Encomienda a Jehová tu camino, y confía en él; y él hará. Salmo 37:5.

794. Por lo cual puede también salvar perpetuamente a los que por él se acercan a Dios, viviendo siempre para interceder por ellos. Hebreos 7:25.

795. Será como árbol plantado junto a corrientes de aguas, que da su fruto en su tiempo, y su hoja

no cae; y todo lo que hace prosperará. Salmo 1:3.

796. El que tiene al Hijo, tiene la vida. 1 Juan 5:12.

797. Somos más que vencedores por medio de aquel que nos amó. Romanos 8:37.

798. Su bandera sobre mí fue amor. Su izquierda esté debajo de mi cabeza, y su derecha me abrace. Cantar de los Cantares 2:4, 6.

799. Y él os dio vida a vosotros, cuando estabais muertos en vuestros delitos y pecados y juntamente con él nos resucitó, y asimismo nos hizo sentar en los lugares celestiales. Efesios 2:1, 6.

800. Cuando alguno es tentado, no diga que es tentado de parte de Dios; porque Dios no puede ser tentado por el mal, ni él tienta a nadie. Santiago 1:13.

801. Acerquémonos, pues, confiadamente al trono de la gracia, para alcanzar misericordia y hallar gracia para el oportuno socorro. Hebreos 4:16.

Amados, ahora somos hijos de Dios,
y aún no se ha manifestado lo que
hemos de ser; pero sabemos que cuando
él se manifieste, seremos semejantes
a él, porque le veremos tal como él es.

1 Juan 3:2.

PROMESAS DE DIOS PARA TUS NECESIDADES FUTURAS

A. ¿Qué nos depara el destino? ¡El regreso de Jesucristo!

VERSICULO CLAVE:

802. *Aguardando la esperanza bienaventurada y la manifestación gloriosa de nuestro gran Dios y Salvador Jesucristo.* Tito 2:13.
803. Porque el Señor mismo con voz de mando, con voz de arcángel, y con trompeta de Dios, descenderá del cielo. 1 Tesalonicenses 4:16.
804. Y verán al Hijo del Hombre, viniendo sobre las nubes del cielo, con poder y gran pompa. Mateo 24:30.
805. Habéis oído que yo os he dicho: Voy, y vengo a vosotros. Juan 14:28.
806. Velad, pues, porque no sabéis a qué hora ha de venir vuestro Señor. Mateo 24:42.
807. Yo sé que mi Redentor vive, y al fin se levantará sobre el polvo. Job 19:25.
808. Y se afirmarán sus pies en aquel día sobre el monte de los Olivos, que está en frente de Jerusalén al oriente. Zacarías 14:4.
809. He aquí que viene con las nubes, y todo ojo le verá y los que le traspasaron. Apocalipsis 1:7.
810. El Señor encamine vuestros corazones al amor de Dios, y a la paciencia de Cristo. 2 Tesalonicenses 3:5.
811. Cuando Cristo, vuestra vida, se manifieste, entonces vosotros también seréis manifestados con él en gloria. Colosenses 3:4.
812. Sabemos que cuando él se manifieste, seremos

semejantes a él, porque le veremos tal como él es. 1 Juan 3:2.

813. Veréis al Hijo del Hombre sentado a la diestra del poder de Dios, y viniendo en las nubes del cielo. Marcos 14:62.

814. Así también Cristo fue ofrecido una sola vez para llevar los pecados de muchos; y aparecerá por segunda vez, sin relación con el pecado, para salvar a los que le esperan. Hebreos 9:28.

815. Esperando la manifestación de nuestro Señor Jesucristo, el cual también os confirmará hasta el fin, para que seáis irreprensibles en el día de nuestro Señor Jesucristo. 1 Corintios 1:7, 8.

816. No juzguéis nada antes de tiempo, hasta que venga el Señor, el cual aclarará también lo oculto de las tinieblas, y manifestará las intenciones de los corazones. 1 Corintios 4:5.

817. Mirarán a mí, a quien traspasaron, y llorarán como se llora por hijo unigénito. Zacarías 12:10.

818. Así, pues, todas las veces que comiereis este pan y bebiereis esta copa, la muerte del Señor anunciáis hasta que él venga. 1 Corintios 11:26.

819. Vosotros, pues, también estad preparados, porque a la hora que no penséis, el Hijo del Hombre vendrá. Lucas 12:40.

820. En los postreros días vendrán burladores, andando según sus propias concupiscencias, y diciendo: ¿Dónde está la promesa de su advenimiento? Porque desde el día en que los padres durmieron, todas las cosas permanecen, así como desde el principio de la creación... pero el día del Señor vendrá como ladrón en la noche. 2 Pedro 3:3, 4, 10.

821. Bienaventurados aquellos siervos a los cuales su señor, cuando venga, halle velando. Lucas 12:37.

822. Como el relámpago que sale del oriente y se

muestra hasta el occidente, así será también la venida del Hijo del Hombre. Mateo 24:27.

823. Este mismo Jesús, que ha sido tomado de vosotros al cielo, así vendrá como le habéis visto ir al cielo. Hechos 1:11.

B. Habrá una gran resurrección de los muertos en Cristo

VERSICULO CLAVE:

824. *Se tocará la trompeta, y los muertos serán resucitados incorruptibles, y nosotros seremos transformados.* 1 Corintios 15:52.

825. Los muertos en Cristo resucitarán primero: luego nosotros los que vivimos, los que hayamos quedado, seremos arrebatados juntamente con ellos en las nubes para recibir al Señor en el aire, y así estaremos siempre con el Señor. 1 Tesalonicenses 4:16, 17.

826. Vendrá hora cuando todos los que están en los sepulcros oirán su voz; y los que hicieron lo bueno saldrán a resurrección de vida. Juan 5:28, 29.

827. Y cuando esto corruptible se haya vestido de incorrupción, y esto mortal se haya vestido de inmortalidad, entonces se cumplirá la palabra que está escrita: Sorbida es la muerte en victoria. 1 Corintios 15:54.

828. Gracias sean dadas a Dios, que nos da la victoria por medio de nuestro Señor Jesucristo. 1 Corintios 15:57.

829. Esta es la voluntad del que me ha enviado: Que todo aquel que ve al Hijo, y cree en él, tenga vida eterna; y yo le resucitaré en el día postrero. Juan 6:40.

830. Y si el Espíritu de aquel que levantó de los

muertos a Jesús mora en vosotros, el que levantó de los muertos a Cristo Jesús vivificará también vuestros cuerpos mortales por su Espíritu que mora en vosotros. Romanos 8:11.

831. Así como hemos traído la imagen del terrenal, traeremos también la imagen del celestial. 1 Corintios 15:49.

832. Porque por cuanto la muerte entró por un hombre, también por un hombre la resurrección de los muertos. Porque así como en Adán todos mueren, también en Cristo todos serán vivificados. 1 Corintios 15:21, 22.

833. Yo soy la resurrección y la vida; el que cree en mí, aunque esté muerto vivirá. Juan 11:25.

834. Y ésta es la voluntad del que me ha enviado: Que todo aquel que ve al Hijo, y cree en él, tenga vida eterna; y yo le resucitaré en el día postrero. Juan 6:39.

835. Nuestro Señor Jesucristo, el cual quitó la muerte y sacó a luz la vida y la inmortalidad por el evangelio. 2 Timoteo 1:10.

836. Si creemos que Jesús murió y resucitó, así también traerá Dios con Jesús a los que durmieron en él. 1 Tesalonicenses 4:14.

837. El que resucitó al Señor Jesús, a nosotros también nos resucitará con Jesús, y nos presentará juntamente con vosotros. 2 Corintios 4:14.

C. Recibirás recompensas celestiales

VERSICULO CLAVE:

838. *En la casa de mi Padre muchas moradas hay; si así no fuera, yo os lo hubiera dicho; voy, pues, a preparar lugar para vosotros. Y si me fuere y os preparare lugar, vendré otra vez, y os tomaré a mí mismo, para que*

donde yo estoy, vosotros también estéis. Juan 14:2, 3.

839. Nosotros esperamos, según sus promesas, cielos nuevos y tierra nueva, en los cuales mora la justicia. 2 Pedro 3:13.
840. Por lo demás, me está guardada la corona de justicia, la cual me dará el Señor, juez justo, en aquel día; y no sólo a mí, sino también a todos los que aman su venida. 2 Timoteo 4:8.
841. No habrá allí más noche; y no tienen necesidad de luz de lámpara, ni de luz del sol, porque Dios el Señor los iluminará; y reinarán por los siglos de los siglos. Apocalipsis 22:5.
842. Pero anhelaban una patria mejor, esto es, celestial; por lo cual Dios no se avergüenza de llamarse Dios de ellos; porque les ha preparado una ciudad. Hebreos 11:16.
843. Estaremos siempre con el Señor. 1 Tesalonicenses 4:17.
844. Están delante del trono de Dios, y le sirven día y noche en su templo; y el que está sentado sobre el trono extenderá su tabernáculo sobre ellos. Apocalipsis 7:15.
845. Ya no tendrán hambre ni sed, y el sol no caerá sobre ellos, ni calor alguno. Apocalipsis 7:16.
846. Porque el Cordero que está en medio del trono los pastoreará y los guiará a fuentes de aguas de vida; y Dios enjugará toda lágrima de los ojos de ellos. Apocalipsis 7:17.
847. Sé fiel hasta la muerte, y yo te daré la corona de la vida. Apocalipsis 2:10.
848. En cuanto a mí, veré tu rostro en justicia; estaré satisfecho cuando despierte a tu semejanza. Salmo 17:15.
849. Entonces los justos resplandecerán como el sol en el reino de su Padre. Mateo 13:43.

850. Cuando Cristo, vuestra vida, se manifieste, entonces vosotros también seréis manifestados con él en gloria. Colosenses 3:4.

851. Su Señor le dijo: Bien, buen siervo y fiel; sobre poco has sido fiel, sobre mucho te pondré; entra en el gozo de tu Señor. Mateo 25:21.

852. Venid, benditos de mi Padre, heredad el reino preparado para vosotros desde la fundación del mundo. Mateo 25:34.

853. Tesoros en el cielo, donde ni la polilla ni el orín corrompen, y donde ladrones no minan ni hurtan. Mateo 6:20.

854. Yo, pues, os asigno un reino, como mi Padre me lo asignó a mí, para que comáis y bebáis a mi mesa en mi reino, y os sentéis en tronos juzgando a las doce tribus de Israel. Lucas 22:29, 30.

855. Según su grande misericordia nos hizo renacer para una esperanza viva, por la resurrección de Jesucristo de los muertos, para una herencia incorruptible, incontaminada e inmarcesible, reservada en los cielos para vosotros. 1 Pedro 1:3, 4.

856. Las aflicciones del tiempo presente no son comparables con la gloria venidera que en nosotros ha de manifestarse. Romanos 8:18.

857. Porque el Hijo del Hombre vendrá en la gloria de su Padre con sus ángeles, y entonces pagará a cada uno conforme a sus obras. Mateo 16:27.

858. Cosas que ojo no vio, ni oído oyó, ni han subido en corazón de hombre, son las que Dios ha preparado para los que le aman. 1 Corintios 2:9.

859. Y cuando aparezca el Príncipe de los pastores, vosotros recibiréis la corona incorruptible de gloria. 1 Pedro 5:4.

860. El que venciere heredará todas las cosas, y yo seré su Dios, y él será mi hijo. Apocalipsis 21:7.
861. Enjugará Dios toda lágrima de los ojos de ellos; y ya no habrá muerte, ni habrá más llanto, ni clamor, ni dolor, porque las primeras cosas pasaron. Apocalipsis 21:4.
862. Al que venciere, le daré que se siente conmigo en mi trono, así como yo he vencido, y me he sentado con mi Padre en su trono. Apocalipsis 3:21.
863. Después de esto miré, y he aquí una gran multitud, la cual nadie podía contar, de todas naciones y tribus y pueblos y lenguas, que estaban delante del trono y en la presencia del Cordero, vestidos de ropas blancas y con palmas en las manos. Apocalipsis 7:9.
864. Bien, buen siervo y fiel; sobre poco has sido fiel, sobre mucho te pondré; entra en el gozo de tu Señor. Mateo 25:23.
865. Bienaventurados los que lavan sus ropas, para tener derecho al árbol de la vida, y para entrar por las puertas en la ciudad. Apocalipsis 22:14.
866. He aquí yo vengo pronto, y mi galardón conmigo, para recompensar a cada uno según sea su obra. Apocalipsis 22:12.
867. El que da testimonio de estas cosas dice: Ciertamente vengo en breve. Amén; sí, ven, Señor Jesús. Apocalipsis 22:20.